MORTE, A FÊNIX DA VIDA!
reflexões subcutâneas

Editora Appris Ltda.
1.ª Edição - Copyright© 2024 da autora
Direitos de Edição Reservados à Editora Appris Ltda.

Nenhuma parte desta obra poderá ser utilizada indevidamente, sem estar de acordo com a Lei nº
9.610/98. Se incorreções forem encontradas, serão de exclusiva responsabilidade de seus organi-
zadores. Foi realizado o Depósito Legal na Fundação Biblioteca Nacional, de acordo com as Leis nos
10.994, de 14/12/2004, e 12.192, de 14/01/2010.

Catalogação na Fonte
Elaborado por: Dayanne Leal Souza
Bibliotecária CRB 9/2162

B547m 2024	Bertotti, Ana Morte, a fênix da vida!: reflexões subcutâneas / Ana Bertotti. – 1. ed. – Curitiba: Appris, 2024. 201 p. ; 23 cm. Inclui referências. ISBN 978-65-250-7069-8 1. Autoconhecimento. 2. Verdades existencialistas. 3. Domínio. 4. Autocontrole. I. Bertotti, Ana. II. Título. CDD – 128.2

Appris
Editora

Editora e Livraria Appris Ltda.
Av. Manoel Ribas, 2265 – Mercês
Curitiba/PR – CEP: 80810-002
Tel. (41) 3156 - 4731
www.editoraappris.com.br

Printed in Brazil
Impresso no Brasil

Ana Bertotti

MORTE, A FÊNIX DA VIDA!
reflexões subcutâneas

Curitiba, PR
2024

FICHA TÉCNICA

EDITORIAL	Augusto V. de A. Coelho
	Sara C. de Andrade Coelho
COMITÊ EDITORIAL	Marli Caetano
	Andréa Barbosa Gouveia (UFPR)
	Edmeire C. Pereira (UFPR)
	Iraneide da Silva (UFC)
	Jacques de Lima Ferreira (UP)
SUPERVISORA EDITORIAL	Renata C. Lopes
PRODUÇÃO EDITORIAL	Adrielli de Almeida
REVISÃO	Katine Walmrath
DIAGRAMAÇÃO	Amélia Lopes
CAPA	Mateus de Andrade Porfírio
REVISÃO DE PROVA	Jibril Keddeh

Cinco minutos depois de nascer, eles decidirão seu nome, nacionalidade, religião e seita, e você passará o resto da sua vida desesperadamente defendendo coisas que você não escolheu.

(Arthur Schopenhauer)

AGRADECIMENTOS

Primeiramente agradeço a Deus, que me conduz a cada dia com sua luz divina.

Agradeço também aos meus filhos, Aline e Gabriel, que são a minha luz e base, onde aprendo a cada dia, e que me incentivam a sempre continuar com amor e sabedoria.

Agradeço à Unisul pela minha formação em Filosofia e à SBPI, com minha formação em pós em Psicanálise, e em particular às pessoas que fizeram parte dessa trajetória, Fátima Mora, Aguimar Martins e Roberto Paes. E a todos os mestres que passaram em minha vida, me ensinando a viver. Aos meus mestres terapeutas, Arthur Mendes e Mario Ferro, que me ajudaram na arte de me conhecer e consequentemente conhecer o universo.

Agradeço aos mestres, amigos e colegas que a vida me trouxe, tanto da psicanálise como da dança, e em especial aos mestres Ricardo, da escola Ricco, e David e Deivila, da escola 3D, que me iniciaram nessa arte divina que é a dança e que a cada dia dividem conhecimentos e experiências notáveis para as pessoas e para o meu desenvolvimento pessoal e intelectual.

Dedico este livro primeiramente ao Divino, à minha energia divina e à equipe espiritual que me acompanham. Aos meus pais, familiares, filho e filha, que, com muito carinho e apoio, não mediram esforços para eu chegar até esta etapa da minha vida. Também aos amigos, inimigos, colegas e professores, enfim, a todos que de uma forma ou de outra contribuíram com o meu processo de desenvolvimento pessoal, individual e espiritual.

PREFÁCIO

Já faz um bom tempo, mas me lembro perfeitamente do dia em que eu e a Ana Bertotti cruzamos nossas vidas. Eu ia subindo a escadaria que dava acesso às salas de aula de uma escola de Psicanálise que ambos frequentavam e ela descendo. Fiz uma brincadeira e ela me olhou espantada, meio que dizendo a si mesma "quem é esse sujeito" e ela não me deu muita atenção. Apesar desse primeiro encontro, digamos, nada amistoso, começamos a estudar juntos e nos tornamos, para a agonia do professor, ótimos amigos. Nossa rotina se tornou nos sentarmos na última fileira e ficarmos comendo praticamente de tudo enquanto prestávamos atenção às aulas, naquela época sobre Lacan. Acho que só não fizemos um churrasco lá atrás porque nenhum de nós tinha uma churrasqueira portátil. O tempo foi passando, os cursos compartilhados também foram se acumulando e nos tornamos cada vez mais amigos. Discutíamos Psicanálise, filosofia e qualquer outro tema que nos levasse a tentar compreender a condição humana. Aliás, por ser formada em Filosofia, Ana sempre buscava ir além do que Freud, Lacan ou Jung diziam. Isso me contrariava, mas confesso que ao mesmo tempo me convidava a pensar além da "caixinha da Psicanálise". Em suma, Ana Bertotti é uma mulher e uma profissional inquieta. Ela atende com o mesmo fervor que os nossos professores ensinavam, confronta seus pacientes com a mesma tenacidade que Lacan professava e, quando necessário, sabe acolher e fazer o paciente se sentir à vontade, da forma mais acadêmica possível. Enquanto pessoa é agitada e inquieta como os passos de dança que ela pratica e que, sem sucesso, tentou me fazer aprender. Mas, olha, a culpa não foi dela. Ao me pedir para prefaciar este livro ela me disse que eu a deixaria honrada se aceitasse. Digo a ela e afirmo a vocês, a honra é toda minha. Os textos deste livro certamente irão causar em alguns inquietude, em outros ansiedade e, em alguns, certamente, contrariedade. Afirmo isso porque são reflexões pessoais da autora o que vocês lerão a seguir e dizer aos outros o que pensamos nem sempre é uma tarefa simples e muito menos cercada de aplausos. Mas o que me encanta ao prefaciar e ao ler este livro é ver que a minha amiga, minha companheira de Psicanálise, foi corajosa o suficiente para "dizer aquilo o que pensa", por colocar em palavras o que passa por sua cabeça e isso, por si só, já me deixa orgulhoso por ser seu amigo e, quem sabe, seguindo o exemplo dela, eu também coloque em palavras aquilo o que tenho pensado a respeito de diversas coisas deste nosso mundo. Desejo a vocês o mesmo prazer que eu senti ao ler as páginas deste livro e espero que vocês reflitam, através dele, sobre diversas questões da condição humana.

Boa leitura.

Roberto C. O. Paes

Psicanalista, hipnólogo, mentor e constelador sistêmico

SUMÁRIO

1. RESPONSABILIDADE INFAME 21

2. PERDOAR SIM, ESQUECER NUNCA... 22

3. "CONHECE-TE A TI MESMO E CONHECERÁS O UNIVERSO E OS DEUSES" — SÓCRATES 23

4. AS GRANDES CONQUISTAS.. 25

5. MATURIDADE 25

6. SOLIDÃO 27

7. A SIGNIFICÂNCIA PERANTE O SENTIDO DA VIDA 28

8. AUSÊNCIA DE MUNDO 29

9. MEDO, UM ENIGMA SUTIL E ESCRAVIZADOR 30

10. A DISCUSSÃO FOI SOBRE COMPLEXO DE ÉDIPO 31

11. ALMA EM AGONIA 33

12. O MUNDO É FEITO DE POLARIDADES 33

13. GÊNEROS OPOSTOS 34

14. FACETAS DE UM COMPLEXO FEMININO 35

15. RECONHECIMENTO DE UM VALOR 37

16. ESSÊNCIA DE POTÊNCIA.. 40

17. O QUE SOU? 41

18. MOMENTO MÁGICO DA TERAPIA 43

19. O TABU DO UNIVERSO HOMOSSEXUAL 43

20. AUTOVALOR EXISTENCIAL 44

21. CRIAÇÃO DIVINA... 45

22. VERDADES EXISTENCIAIS... 46

23. VIDA E MORTE, MAGIA DE POTÊNCIA................................ 47

24. DEUS ME LIVRE DA NORMOSE 49

25. O SIMBÓLICO BAILAR DA FANTASIA QUE É VIDA 50

26. A MUDANÇA QUE VOCÊ QUER ESTÁ NA DECISÃO QUE VOCÊ NÃO TOMA?.. 52

27. MORTE, A FÊNIX DA VIDA... 53

28. E A FELICIDADE, ONDE SE ENCONTRA? 55

29. A FELICIDADE A UM PASSO DE SER ALCANÇADA, INFINITAMENTE A UM PASSO 56

30. ROUXINOL DO MEU JARDIM 58

31. QUEM É O VERDADEIRO PALHAÇO DA MINHA ALMA? 58

32. A VERDADE É LIBERTADORA ... 59

33. CONSCIÊNCIA DO INCÔMODO ... 62

34. SOBRE A PAIXÃO X AMOR ... 62

35. TERAPEUTA — UM OLHAR DE ÁGUIA ... 63

36. A PALAVRA QUE SE CONDENA ... 64

37. SOLIDÃO, O IMPLACÁVEL ... 65

38. VIDA E MORTE, UM DILEMA DA HUMANIDADE? ... 66

39. QUAL O SENTIDO DA VIDA? ... 67

40. O ENIGMA DO MEIO ... 68

41. A VIDA EM UM CONGELAMENTO EXISTENCIAL ... 69

42. CIÚMES, CONSEQUÊNCIA DO AMOR, POSSE OU PURA FANTASIA? ... 70

43. A VIDA SEGUE COM TODA A SUA MAGIA ... 71

44. A ACEITAÇÃO DE SI ... 72

45. O DOM DA PALAVRA! ... 73

46. DIVERSIDADE SEXUAL E IDENTIDADE DE GÊNERO. DESTRUIÇÃO OU EVOLUÇÃO DA HUMANIDADE? ... 74

47. TRAUMAS E UMA ALMA SENSÍVEL ... 75

48. O AMOR É PESSOAL E INDIVIDUAL ... 76

49. A FALSIDADE DA VIDA ... 76

50. SÍNDROME DO PÂNICO ... 77

51. COVARDIA MENTAL ... 77

52. O BELO X INTELIGÊNCIA ... 77

53. CULPA ... 78

54. POLÍTICA BURRA É A NOSSA POLÍTICA DA IGNORÂNCIA ... 78

55. CERTO OU ERRADO? ... 78

56. SEGUIR A MANADA ... 79

57. O MAL IMANTADO ... 79

58. SEJA PASTOR, REVERENDO E MESTRE DE SI MESMO ... 79

59. RELIGIOSIDADE. QUESTÃO DE ALMA ... 80

60. A ARTE ... 80

61. É PRECISO RESPEITAR A LEI ... 81

62. VIDA, POR UMA VIDA BEM VIVIDA ... 81

63. SOU BOCUDA? SER OU NÃO SER, POR QUE NÃO SER? ... 82

64. LIBERDADE, LIBERDADE! ABRE AS ASAS SOBRE NÓS! — DUDU NOBRE ... 82

65. VALORES INTRÍNSECOS ... 82

66. UMA ARMA CONTRA A AUTOSSABOTAGEM ... 83

67. A NEUROSE PERVERSA ... 83

68. POLÍTICA, UMA NAÇÃO INCOMPETENTE 84

69. UMA SOBERBA BRASILEIRA 85

70. IMAGEM MATERNA.. 87

71. TODOS VEEM, MAS NINGUÉM A OLHA.................................. 87

72. EXISTÊNCIA HUMANA. CERTO E ERRADO 88

73. PEQUENOS PERVERSOS 88

74. ALQUIMIA, MINHA NOVA PAIXÃO 89

75. SENTIMENTOS HUMANOS 90

76. ARMADILHAS DO EGO FRAGILIZADO 91

77. QUERIDO MENDIGO, AMO VOCÊ.. 92

78. O SUBMUNDO DE UM EU PROFUNDO!!! 92

79. CIRANDA DA VIDA... 93

80. HUMANOS, GENUINAMENTE HUMANOS 94

81. UNIVERSO INVERTIDO 94

82. COMÉDIA HUMANA 95

83. QUEM É O ANALISTA? 95

84. DOMÍNIO 95

85. PERDA DE SI MESMO 96

86. POR QUE REPETIMOS NOSSOS ERROS? 97

87. EM BUSCA DO ÉDEN PERDIDO 98

88. A EMPATIA DO "CURADOR FERIDO" E O TERAPEUTA 99

89. PODER-SE-IA COMPARAR A TERAPIA À ARTE MARCIAL 99

90. PODER DA ESCUTA TERAPÊUTICA 100

91. VOCÊ NÃO É FLOR QUE SE CHEIRE 100

92. CULPA, FORÇA PRECURSORA AUTODESTRUTIVA 101

93. QUANDO OCORRE A PERDA DE SI MESMO? 102

94. SOLIDÃO EXISTENCIAL 103

95. CONTROLE, INSANAMENTE INSANO 104

96. POR QUE TERAPIA?.. 104

97. O QUE PEÇO A DEUS? 105

98. BOLSONARO, FIGURA INTERESSANTE. 106

99. COMPLEXO DE INFERIORIDADE.. 106

100. INSTINTO X DESEJO 107

101. ORIGEM DO MEDO... 107

102. TEMPLO DIVINO 108

103. APRENDEMOS A VOTAR? ACHO QUE AINDA NÃO, MAS POR QUÊ? ..108

104. TERAPIA É PARA QUEM ESTÁ EM ESTADO DE DESEQUILÍBRIO
MENTAL. SERÁ? 110

105. CULPA, RESULTADO DO EFEITO DESEJANTE? 110

106. IDENTIFICAÇÃO FATÍDICA 111

107. O EU PEDE PASSAGEM 112

108. SIMBOLOGIA PERENE 112

109. O DIVISOR DE ÁGUAS 112

110. UTILIDADE PÚBLICA 113

111. UM OLHAR, NUM SÓ OLHAR 113

112. DÓ É RAIVA 114

113. A VIDA É FEITA DE POSSIBILIDADES 114

114. BRASIL, PÁTRIA AMADA 114

115. UMA ANÁLISE DO DEUS NO EU OU DO EU NO DEUS? 115

116. POVINHO DO ZÉ NINGUÉM 116

117. ETERNOS ERRANTES 116

118. DIFÍCIL É ASSUMIR E JUSTIFICAR NOSSOS DESEJOS 117

119. O QUE ESTOU VENDO?..117

120. COMUNISTAS? JESUS ERA COMUNISTA ENTÃO? É ISSO? 118

121. NUM MUNDO REAL, QUEM É O VERDADEIRO DEMÔNIO? 119

122. O TEMA ATUAL É TORTURA?... 120

123. BRASIL, DESCENDÊNCIA FATÍDICA 121

124. DEMOCRACIA X DITADURA 121

125. HOMOSSEXUAIS E TRANSEXUAIS, QUEM SÃO? 122

126. COMPREENSÃO GERA CONHECIMENTO. CONHECIMENTO
GERA COMPREENSÃO 122

127. TORTURA INTRÍNSECA 123

128. SER PETISTA, NESTA PERSPECTIVA POLÍTICA DE HOJE, O QUE É? ... 124

129. TER OU SER, EIS A QUESTÃO...125

130. QUEM DISSE QUE A VIDA TEM DE TER UMA ORDEM, UMA REGRA? .125

131. AFORISMO EXISTENCIAL.. 126

132. RELACIONAMENTOS, MISSÃO IMPOSSÍVEL 126

133. POETIZANDO A VIDA!..127

134. TENDÊNCIA AO SUICÍDIO, QUE FENÔMENO É ESSE? 127

135. POR QUE A EXISTÊNCIA NA TERRA É TÃO NECESSÁRIA? 128

136. ONDAS DE ENERGIA 129

137. O QUE A ANÁLISE NOS DÁ?.. 129

138. FINDA O ANO, VIRA-SE UMA PÁGINA? 130

139. SER LOUCO OU NÃO SER! 131

140. À SOMBRA DA VINGANÇA 131

141. QUEM É O PRÓXIMO? 132

142. HERMES TRISMEGISTO? 132

143. ESTUPRO, ATO INTERESSANTE. 132

144. O FEMININO COMO CONDIÇÃO DE OBJETO 133

145. IRONIA DO DESTINO 134

146. HOMOSSEXUALIDADE, LIBERTINÍSMO OU LIBERALISMO? 134

147. UMA COMPREENSÃO INCOMPREENDIDA. 135

148. POTÊNCIA OCULTA 135

149. CONSELHO X OPINIÃO 135

150. BUSCAM-SE RIQUEZAS EM POSSES, NO QUE É BELO 136

151. EU SOU! 136

152. MEU ÚLTIMO DESEJO 137

153. INVERDADES DA VIDA COTIDIANA 137

154. QUEM É O TERAPEUTA NA TERAPIA? 137

155. DIÁLOGOS SEM RESSONÂNCIA. 137

156. INVEJA, UM DEMÔNIO OCULTO 138

157. O QUE REALMENTE IMPORTA NA VIDA? 138

158. FILOSOFIA, MINHA PAIXÃO, MINHA ALMA,
MINHA ESSÊNCIA DIVINA 139

159. VERDADE OU INVERDADE. 139

160. INFELICIDADES 140

161. O QUE É TRAIÇÃO? 140

162. CADÊ A BOLA DE CRISTAL? 141

163. COMO SUPERAR TRAUMAS? 142

164. A AUTOCONQUISTA 142

165. PROJEÇÕES INSTINTIVAS 142

166. O QUE É O EQUILÍBRIO? 143

167. O INCONSCIENTE 143

168. CONSUMISMO IMEDIATISTA. 143

169. IMAGENS SOMBRIAS. 144

170. O ESPELHAMENTO DA ALMA. 145

171. O CÁRCERE DO NEGATIVO NO NEGATIVO! 145

172. UM CRIADOR DA PRÓPRIA EXISTÊNCIA!!! 146

173. TRATAMENTO TERAPÊUTICO DA ANÁLISE:
O QUE É E COMO SE PROCEDE AFINAL? 146

174. O MOVIMENTO É DE CONEXÃO!!! 148

175. AMO MUITO TUDO ISSO!!! 148

176. POR QUE O SER PRECISA DE TERAPIA? 148

177. QUEM DISSE QUE SOMOS OBRIGADOS A GOSTAR DE ALGUÉM?..... 149

178. IMPORTÂNCIA MALÉFICA 149

179. A DESCULPA DE UMA MORTE 150

180. IDENTIDADE, INDIVIDUAL E INDIVISÍVEL 150

181. ESCOLHA FATÍDICA 150

182. BEM OU MAL?.. 151

183. TUDO QUE É NEGADO É SEPULTADO 151

184. QUAL A FRASE QUE EU MAIS GOSTO? 151

185. SOU RESPONSÁVEL PELO QUE EU DIGO E NÃO PELO QUE VOCÊ ESCUTA 152

186. SOMATIZAÇÃO 152

187. UM REFLEXO SOCIAL 153

188. ESQUECIMENTO, AUTODEFESA DA DOR 153

189. AMAR É PRECISO 153

190. POR QUE UMA ANÁLISE BEM-FEITA FAZ MUDANÇA NO SER? 154

191. COMO LIDAR COM A INVEJA? 154

192. A VIDA 155

193. PEQUENOS ESTUPROS, VIOLÊNCIAS VELADAS 155

194. PEÇA E RECEBERÁS!!! 156

195. ATORMENTADOS.. 156

196. BUSCA DO SABER 157

197. UMA HISTÓRIA VERDADEIRA TEM A CURA........................... 157

198. A MENTE PEDE LUZ 157

199. A LUZ POR UMA REALIDADE TREVOSA 158

200. ETERNO ARDOR, QUE PURIFICA E EDIFICA!......................... 158

201. INFERNO, ALEGORIA INTERESSANTE 159

202. MORTE, UMA QUESTÃO FANTASMAGÓRICA 159

203. DÚVIDA BENDITA 161

204. FACETAS DE UMA VERDADE.. 161

205. BUSQUE E ENCONTRARÁS... 162

206. ACREDITE SE QUISER 162

207. A DERROTA É A VITÓRIA OU A VITÓRIA É UMA DERROTA? 163

208. EM BUSCA DO ELO PERDIDO 163

209. REFLEXOS DE INVERSÃO 164

210. VIDA DOMINANTE.. 164

211. ECLETISMO OU IDIOTISMO?... 165

212. FÉ, UMA EXPRESSÃO RELIGIOSA, MAS O QUE É TER FÉ? 165

213. O QUE É SER PSICANALISTA? 165

214. VIDA E MORTE, O ESPLENDOR DA EXISTÊNCIA 166

215. DESÍGNIOS DA VIDA 167

216. A PRINCIPAL QUESTÃO É... 167

217. SOMOS UM PROJETO DA EXPECTATIVA DO OUTRO 168

218. AOS CONTROLADORES DE PLANTÃO 168

219. GENTE É GENTE DA GENTE! 168

220. VALORES OPOSTOS.. 169

221. ESCRAVIDÃO EXISTENCIAL...................................... 169

222. FORA DE COMPASSO 170

223. PARA QUEM NÃO ENTENDEU O QUE É ENERGIA E LEI DA ATRAÇÃO.. 171

224. FLUXO DA VIDA... 171

225. A LÓGICA DO LÓGICO... 172

226. ANJO DE ASA FERIDA... 172

227. VIDA DUAL.. 173

228 A BUSCA DO VERBO AMAR 173

229. TERAPIA É COISA DE LOUCO!!!................................. 174

230. ABANDONO DE SI.. 174

231. RESPEITO, SINÔNIMO DE AMOR VERDADEIRO..................... 175

232. A VIDA COMO UM CASTELO DE AREIA 175

233. UNIÕES MONOGÂMICAS 176

234. PECADO ORIGINAL 177

235. SEPARAR O JOIO DO TRIGO É PRECISO 178

236. ANJOS SÃO ANJOS, DEMÔNIOS SÃO DEMÔNIOS 178

237. FALSA BONDADE 179

238. A DÚVIDA NOS LEVA AO CAOS.................................. 180

239. DEPENDÊNCIA AFETIVA 180

240. ATAQUE, CONDIÇÃO DE DEFESA 180

241. VERDADES INTERIORES.. 181

242. POSITIVIDADE E NEGATIVIDADE NA VIDA 182

243. DEUS, ELEVAÇÃO OU CONDENAÇÃO EXISTENCIAL 182

244. PERGUNTEI A UM AMIGO, O QUE É O AMOR? 183

245. A EXISTÊNCIA ESTÁ DESCARTÁVEL. SERÁ???? 183

246. SOLIDARIEDADE COMBINA COM EGOÍSMO? 184

247. TRISTEZA É PERCEBER A CRUELDADE HUMANA 185

248. UMA IDEIA VULGAR.. 186

249. SER FILÓSOFA! 186

250. O QUE É O SER HUMANO?...................................... 186

251. RELAÇÕES MONO 187

252. AMOR, O ENIGMA DE JESUS 188

253. O QUE DIFERE A LOUCURA DA SANIDADE? 188

254. O TEMPO EXERCE SEU PODER 189

255. JULGUE E SERÁS CONDENADO 189

256. O QUE É O EU DIVINO? 190

257. EFEITOS COLATERAIS DE UMA TERAPIA PSICANALÍTICA 190

258. CONFLITOS EXISTENCIAIS 191

259. NINGUÉM É DE NINGUÉM, COISA DIFÍCIL DE SE ENTENDER! 192

260. DIVERGENTES 192

261. O DESCONHECIDO NO NINHO 193

262. UMA VEZ INFIEL, SEMPRE INFIEL 193

263. AS LÁGRIMAS, EXPRESSÃO DA TRISTEZA 193

264. ANALISANDO O VERSÍCULO DE LUCAS, ME PUS A PENSAR 194

REFERÊNCIAS 199

1. RESPONSABILIDADE INFAME

Após ter tido uma experiência interessante com uma vida passada e vivenciar certos aspectos fenomenológicos, eu me pergunto: Até onde somos totalmente responsáveis pelos nossos atos e/ou desejos? O que sinto e penso é realmente meu? Como identificar a linha tênue existente, que envolve a nossa mente sob a influência do imaginário coletivo, capaz de manipular nossas emoções, pensamentos e até nosso comportamento? Onde começa meu eu/individual e o meu eu/coletivo? É preciso muita reflexão e estudos para se aproximar de uma hipótese esclarecedora.

Afinal, não há vítimas na história, assim como não há inocência quanto aos atos impuros de um ser humano. Quando afirmamos sincera inconsciência ou inocência, após cometer esses atos, na verdade está ocorrendo um mascaramento do espírito, quanto à situação comprometedora. Esse comportamento é muito comum e vem justificar ou defender o ser de suas mais íntimas responsabilidades do passado.

O vitimismo é algo sugestionado e enfatizado na sociedade em geral, onde forças inferiores buscam manipular e controlar os sentimentos humanos, deixando no ser a sensação de condenação Divina. Na verdade, o ser humano tende a se isentar das suas responsabilidades se protegendo na sombra do vitimismo.

É preciso maior conscientização quanto aos nossos pensamentos e atitudes, para que possamos assumir a responsabilidade de nossas escolhas, onde consequentemente ocorrerá a transformação espiritual, necessária à nossa libertação.

Um grande sábio da antiguidade disse a célebre frase: "Conhece-te a ti mesmo". Mas como conhecer-se a si mesmo?

A Psicologia transpessoal afirma que, para se conhecer a si mesmo, antes é preciso a revelação das nossas verdades, reconhecendo a própria sombra. Mas como fazer isso, se constantemente criamos personas, para nos defender da nossa mais íntima verdade? Creio ser necessário o desnudamento de nossas ilusões, para só então enxergarmos o nosso real. Porém, novamente, surge a intrigante pergunta: como fazer isso? Estudiosos da terapia regressiva afirmam que, para acionarmos nossos eus do passado, é preciso acionarmos nosso eu do presente, através dos sentimentos vivenciados, que podem ser materializados no corpo físico ou apenas sentidos como transtornos causados por medos ou traumas. E somente vivenciando esses sentimentos é que poderemos desvendar a verdadeira face contida naquele sentimento e assim chegarmos ao mais puro conhecimento de si mesmo.

2. PERDOAR SIM, ESQUECER NUNCA...

Ao analisarmos a palavra "perdoar" veremos que ela é originária do grego e significa, literalmente, cancelar ou remir. É, portanto, a libertação ou cancelamento de uma dívida ou obrigação, que pode ser sentimental, objetal ou financeira. Encontramos perdão também nos ensinamentos cristãos, "e perdoamos as nossas dívidas, assim como nós temos perdoado os nossos devedores" (Mateus 6:12).

E assim é compreendido o perdão humano, é o ato de sanar uma dívida, sem o devido pagamento, apenas através do arquivamento mental. Então, como é que alguém pode afirmar ter perdoado alguém, por algo praticado, sendo que esse algo não tem como ser esquecido, pois reside na memória?

Porém, conforme se compreende na essência da palavra, a memória é uma lembrança de estados de consciência passados e de tudo quanto se ache associado a estes. A memória não é apenas recordar, mas sim uma das formas fundamentais de consciência da existência humana, um complexo de conteúdo das experiências nas relações do ser com o tempo, tornando-se inviável ao ser humano o esquecimento de algo vivido, bom ou mau.

Sendo assim, fica claro, portanto, que o "perdão" não é a remoção das consequências temporais ou atemporais das nossas atitudes, através do esquecimento ou anulação de qualquer dever, como afirma nossa cultura religiosa, pois isso caracterizaria uma injustiça Divina. O homem que comete um assassinato pode se arrepender e até ser perdoado, mas ainda assim sofrerá a justiça temporal da lei humana e Divina.

O perdão verdadeiro, no ser, é aquele que apesar do sofrimento vivido compreende e aceita os erros e falhas humanas, reconhecendo a si como um ser falível e, assim como sugeriu Cristo aos que queriam apedrejar Madalena, "quem não tiver pecado atire a primeira pedra" (João 8:1–11). Ou seja, se o pecador se reconhecer no pecado e se perdoar, poderá, com igual valor, reconhecer no outro a necessidade do perdão pela compreensão e aceite, mas nunca pelo esquecimento, pois a amnésia não existe numa mente saudável em si.

Pense nisso... Na busca de um novo caminho...

Viva um dia de cada vez.

Se permita viver uma emoção de cada vez.

Se liberte de antigos conceitos e preconceitos.

Se perdoe e se permita viver um novo recomeço.

Se permita sentir no corpo toda a essência de sua alma.

É assim, simples e gostoso, basta olhar para dentro de si.

Reconhecer no belo e no feio a tua beleza, o quanto você é importante.

Ama com a pureza de uma criança.

Ri da vida como se fosse seu melhor dia.

Dance e cante como se não houvesse o amanhã.

Dentro de toda essa harmonia, existe, sim, a felicidade.

"A menor das felicidades, se, simplesmente, é ininterrupta e faz feliz ininterruptamente, é, sem comparação, mais felicidade do que a maior delas, que venha somente com episódio." (Friedrich Nietzsche)

3. "CONHECE-TE A TI MESMO E CONHECERÁS O UNIVERSO E OS DEUSES" — SÓCRATES

Quando Sócrates afirmou aos atenienses a necessidade do ser humano conhecer-se a si mesmo, não era por um aspecto estético ou superficial do ser, onde se incluem aparências, opiniões e crenças, mas sim por um aspecto mais profundo.

Conhecer-se a si mesmo, num aspecto socrático, é conhecer-se na mais pura essência do ser humano. É observar-se como uma criança que inocentemente observa algo pela primeira vez, despida de conceitos e aprendizados anteriores. Como um observador, reconhece em seu profundo íntimo sentimentos, emoções, que revelarão o seu verdadeiro ser, um ser comum, digno de erros, de falhas, propício a sentimentos como o orgulho, o egoísmo e a vaidade. Sentimentos que nos levam ao erro e às falhas humanas, conforme um conceito preestabelecido socialmente e culturalmente.

Quando o ser humano se reconhecer nesses sentimentos, poderá adquirir as condições necessárias para iniciar a sua autorreforma, pois seu autoconhecimento o levará à tão desejada autocorreção do seu ser, ou não, e é somente a partir daí que terá a possibilidade de reconhecer em si os considerados próprios erros, para só então obter a liberdade de se ser quem se é, verdadeiramente.

E justamente pensando sobre isso, afinal, o que é mesmo a Justiça Divina?

E então, existem vítimas no Universo?

Pessoas são violentadas, estupradas, injustiçadas, assassinadas, humilhadas e muito mais tipos de desgraças poderiam ser descritos nestas linhas. Mas e Deus, onde se encaixa perante todo esse sofrimento? E quanto à justiça divina? Como se explica que Deus é um Deus justo e misericordioso diante de tanta atrocidade? Então quem mente?

O âmago da verdade reside no fenômeno do vitimismo, pois se conclui que não há vítimas no universo ou, se afirmarmos o contrário, seria o mesmo que condenar Deus, como um terrível tirano. Temos de reconhecer que toda desgraça vivida pelo ser humano, seja ela qual for, é fruto de sua própria escolha, do livre-arbítrio. Mesmo que, por um processo que podemos qualificar a possibilidade de só coexistir no campo do inconsciente, mas que, ainda assim, terá o mesmo valor de responsabilidade, pois a força da escolha não se exime do campo da força do desejo, mesmo que inconsciente.

Dessa forma de análise, é de objetiva compreensão que, se sofremos agressões físicas e/ou emocionais, é porque, num passado nebuloso e obscuro, tivemos nosso envolvimento comprometido com tal situação e através da experiência vivida é que poderemos reviver nossos erros e sentir na pele; como diz o provérbio: "Aqui se faz, aqui se paga", compreender o verdadeiro sentimento que inferimos a alguém, e é somente através desse processo de compreensão de si e do outro que se poderá alcançar a tão mencionada e desejada limpeza espiritual, para só então descansar nossa alma em paz.

4. AS GRANDES CONQUISTAS

O que qualifica um homem ser grande e nobre? As suas conquistas?

Durante toda a vida, fizemos diversas conquistas, conquistamos bens, poder, respeito, posição social e profissional etc. Porém, o que levamos desta vida?

Pelo que confere a nossa razão da percepção, apenas o que foi conquistado no âmbito emocional, como sentimentos de amor, ódio, medos, traumas, lembranças felizes e tristes, sentimentos e emoções que ficaram registrados no nosso inconsciente individual. Com eles levamos também lembranças de experiências ricas com os grandes amigos e inimigos que conquistamos em vida. O que qualificará a verdadeira grandiosidade de um homem nobre dependerá de suas atitudes e de suas obras em vida.

5. MATURIDADE

Quem disse que a maturidade não é um benefício humano?

Quem disse que só na juventude se vivem as coisas boas da vida?

Quem garante que o que se viveu na juventude foi a mais plena alegria e conquista? Uma discussão boa para uma reflexão profunda.

A vida é feita de mistérios e caminhos obscuros, nem sempre compreendidos em sua íntegra. Na juventude tem-se a impressão de seguir o fluxo de uma maré em tsunâmi, e em alguns casos, estar preso a algum barranco, enquanto a força das águas passa. Ambos os casos são conflitantes, pois fazem parte do contexto de uma ilusão de realizações pessoais, realizações comumente fantasiosas, onde por mais fundo que se mergulhe nessas águas, jamais a sede é saciada.

A maturidade, por sua vez, tende a proporcionar uma consciência mais cristalina da noção de busca na vida, pois o cansaço natural da idade nos conduz à busca da compreensão de tais realizações, constantemente frustradas. Ao contrário dos efeitos físicos da idade, metaforicamente, passamos a ouvir melhor, ver melhor, a dar mais atenção e valor ao que antes era visto, ouvido e percebido como algo banal. Passa-se a buscar respostas ao que antes era óbvio. Santa maturidade, capaz de elevar o homem a um grau de sabedoria que o ajuda a superar os próprios limites.

Infeliz daquele que deseja ser eternamente jovem, que se afunda em desejos recalcados, que se encarcera em constantes desilusões, numa busca de um gozo interminável e onde seus dias serão uma eterna solidão de si mesmo, pois vive uma cisão do real, por uma fome que jamais será saciada.

Que desejo é esse que domina o ser humano, que consome os seus pensamentos? Tem o poder de tirar o seu sossego e a paz. No entanto, o mesmo desejo, quando realizado, pode martirizar a sua presa por uma culpa infindável e sem aparente procedência, quando não, pode causar uma dor profunda, por consequência da própria escolha da repressão.

Há de se compreender de onde vem e qual a sua origem, pois um singelo pensamento em constante vibração tende a elevar seu potencial, enlouquecendo a pobre vítima de suas teias impiedosas.

Porém, a compreensão é algo a ser conquistado, pois a princípio se vê necessário o conhecimento de sua origem. Tarefa difícil e ingrata, que quando alcançada revela paz e integridade do ser. Origem essa perigosa de se revelar, que há de pôr em risco as mais íntimas verdades, que em sua profundidade compromete o ser mais relevante de si mesmo.

Será essa a grande verdade da alma?

Será essa a porta obscura, fechada a sete chaves, que leva o ser ao poço profundo de sua mais íntima angústia? Esse poço de sofrimentos e torturas que guarda precioso conteúdo, que tanto apavora o ser humano, e que o leva a uma eterna fuga de si mesmo? Será ele realmente perigoso? Terá ele tamanho poder de destruição da alma humana? Duvido!

E esse tal desejo, que consome a alma humana, terá ele a chave dessas portas? Por que ele?

O desejo como um todo, a meu ver, é apenas um desejo de algo a ser completado, algo a ser vivenciado e conquistado perante a sua complexidade de realidade.

Acredito que o valor maior a ser revelado está mesmo é atrás de um grande desejo, onde existe algo muito mais valioso, algo capaz de transformar o que estava desintegrado de sua essência.

6. SOLIDÃO

A solidão que brota dentro do peito de cada ser.

Sentir solidão é sentir-se só, individualizado.

Por ser uma verdade indivisível, o ser sofre pelo inevitável.

Mais cedo ou mais tarde, o ser terá de se olhar.

Terá de se defrontar consigo mesmo.

Terá de se assumir, se reconhecer e tomar uma posição.

Deixar de ver no outro o que ignora de si.

Deixar de buscar no outro o sustentáculo, que abandonou em si.

Todas as nossas atitudes, pensamentos e verdades são singulares.

Nascemos, vivemos e morremos sós e sós seguiremos para o plano maior.

Sós somos e seremos sempre, porque nos recusamos a ver a grandeza espiritual.

A grandeza que vive dentro de cada um de nós.

Egoístas que somos, queremos ter parte do Universo e não percebemos a única verdade existencial de cada ser. A consciência de ser o Universo, de pertencer ao Uno, egoístas que somos, queremos ter Deus em nós, quando deveríamos ser simplesmente Deus e, como Deus, pensar e agir para com os demais. Porém, acreditar que se tem Deus é fácil, o difícil mesmo é ser Deus e assumir a solidão de saber que tudo na vida não depende do outro, e sim de si. Portanto, na solidão reside a maior ilusão humana. A ilusão de encontrar no outro o que falta em si. Que é simplesmente assumir o poder de ser quem se é.

O Uno é o sentido primordial da vida. Nascemos do Uno e para o Uno voltaremos. O ato sexual é o transporte para essa realidade. O desejo sexual humano é o desejo de reintegração ao Uno. Nascemos desse desejo sexual, desse desejo de integração, de um desejo inconsciente de vivenciar o Uno.

Um dia você nasceu, estava só.

Um dia você foi para a escola, estava só.

Um dia você morrerá e estará só.

A solidão nos acompanha desde o nascimento, é um fato humano que tem de ser aceito.

7. A SIGNIFICÂNCIA PERANTE O SENTIDO DA VIDA

Todos os seres vivos nascem, vivem e morrem instintivamente, perante as necessidades básicas de sobrevivência. Porém o ser humano tem uma questão que o conduz pela vida, quase que instintivamente, que é a condição de significar algo perante a vida e ao outro. Essa condição tem o poder de jogar o ser no perfeccionismo e/ou no utilitarismo.

Nascemos com essa necessidade intrínseca na alma. Nascemos e crescemos esperando dos nossos cuidadores a máxima atenção, amor e cuidados diferenciados. Odiamos e rejeitamos aquele que se atreve a não ser o melhor para nós, perante o nosso desejo de significância em relação ao outro. Toda criança é manipuladora, controladora e maquiavélica por natureza e confrontará seu objeto de desejo para realizar os seus próprios desejos.

Crescemos e seguimos em busca de um destino, da felicidade sonhada. Status sociais, família, dignidade perante a sociedade, tudo isso fundado na significação existencial do ser. Primeiramente buscamos estabilidade social, estudamos e buscamos um emprego para sermos reconhecidos profissionalmente, ou seja, buscamos significar algo de importante naquele meio.

Próximo passo a ser conquistado, buscamos um parceiro, a alma gêmea, alguém que representará a máxima da significação e por fim nos realizamos em nossos filhos, por onde encontraremos essa máxima, pois os filhos, quando crianças, buscarão o mesmo em nós. Nesse momento, no amor maternal e paternal, nos encontraremos como os seres mais importantes da vida, daqueles seres por nós gerados, e nos frustramos fatalmente, ao descobrir que não somos mais importantes e significantes, quando eles crescerem e decidirem buscar sua significação perante a vida.

Na verdade, buscamos algo fora, no outro, o que deveríamos buscar dentro de nós.

Se vivemos é porque nos foi dada a oportunidade de existir, essa deveria ser a máxima do nosso conceito de significância na vida.

Por que temos de significar algo importante perante o outro? Por que o outro tem de significar algo para alguém? Porque nós jogamos na vida para provar algo que nem sabemos o porquê.

8. AUSÊNCIA DE MUNDO

Serei eu, presa nessa ilusão de espaço/tempo, à procura de algo que foi perdido?

Serei eu, lutando para não findar minha existência, em um tão sonhado fetiche fantasmagórico de sentimento catastrófico, por um fim frio e sombrio?

Triste ausência de mundo. Ausência que reside nos corações humanos, vítimas de uma sociedade enferma e perdida, que não enxerga tamanho desconforto perante seu mundo sem sentido, perante a própria destruição. Sociedade doentia que limita e escraviza.

Perante o mundo hostil, onde as civilizações seguem seu caminho livre de culpa e responsabilidade, asseguradas em suas mais loucas vitórias, sem a menor noção de direção e razão, o ser se vê preso diante da condição inerente do ter, que o joga nas amarras da vida. Amarras essas que detêm o poder da maldade, nos obrigando a seguir um caminho certeiro em direção à morte, pois a morte não tem complacência com o tempo.

Hoje vejo, diante dos meus olhos, um mundo mais verdadeiro e cristalino, um mundo ainda hostil, duro, egoísta e sem amor, que insiste em nos condicionar e limitar perante a grandeza da vida, perante o nosso destino, onde, apesar dos esforços de muitos, ainda nos deparamos com um muro rígido de ilusões e frustrações. Hoje percebo quão obscuro é o trajeto que nos leva ao encontro de um mundo maior, um mundo de virtudes e esperanças, um mundo em busca do real. É preciso enfrentar os espectros que se escondem nas entranhas da vida, que nos enganam com suas artimanhas e seduções mesquinhas. É preciso astúcia e coragem para driblar e superar cada sondagem, cada ferida aberta no peito, que sangra e arde sem parar.

Há de se curar, há de se enxugar cada lágrima e se permitir o raiar do sol dentro do peito, para que se possa finalmente permitir irradiar o sorriso livre e leve na face rígida e turva da alma humana. É como no suave nascer do sol, numa manhã de primavera, em que, após o inverno, rígido e castigante, se permite que floresçam as flores e se enamorem os bichos, num bailar quase mágico da vida. Pois, como em tudo que existe e persiste neste mundo de luz e trevas, tem-se o direito ao bem e ao mal, onde ambos são benditos e necessários, e apesar de tudo... ainda ser feliz.

9. MEDO, UM ENIGMA SUTIL E ESCRAVIZADOR

Há momentos na vida em que fica nítido o valor do ser humano perante o mundo que o rodeia. O tempo não para, não espera aquele que não sabe o porquê e para o que vive.

É preciso muita coragem e astúcia para enfrentar e desvendar o enigma da vida.

É preciso se ausentar de si mesmo, se libertar dos conceitos, das amarras e se permitir vivenciar o choque que é se defrontar consigo próprio, com seus demônios interiores e até mesmo se perceber que esses demônios são os que nos fizeram acreditar serem eles nossos deuses sagrados. Não há conhecimento possível sem antes passar pelo processo da dor de se autoconhecer, de se autodesvendar. Todo conhecimento que for acessado pelo exterior da percepção de si é fútil, falso e irreal, pode trazer glória e riqueza, mas não se sustenta, tende ao fracasso por sua fragilidade de verdade existencial.

Orgulho, vaidade, egoísmo, raiva, agressividade e paixão são dádivas divinas, dádivas que não devem ser negadas ou rejeitadas. São dádivas que pedem reconhecimento, para que o ser viva a sua integridade e liberdade de escolha, a verdade de si e possa reconhecer e compreender em si e no outro a verdadeira razão do medo, de se ser quem se é, e só então se libertar do inconformismo existencial quanto ao sentido da vida e buscar o verdadeiro conhecimento, o conhecimento de si mesmo.

Afinal, eu mesma sou aquele ser, um simples ser, só um ser, um ser qualquer. Mas não qualquer ser, não um único ser, nem qualquer ser simples. Não! Sou sim... um ser único, imperfeito, mas potente, desajustado, mas corajoso. Capaz de enfrentar meus piores medos, meus monstros gigantescos que ficam à espreita aguardando o momento exato a me devorar. Sou imperfeita, sim, graças ao meu divino ser, que se permite ser pequeno, fraco, indesejável, para nas sombras da noite escura, sem sequer um reflexo da luz lunar, resplandecer e desenvolver luz própria, apto a alumiar qualquer força das trevas. Porém, não creio ser algo divino, puro, capaz de subjugar qualquer poder, não mesmo. Sou apenas eu, sou apenas aquele ser, que apesar de sua coragem e potência permite a sabedoria consciente da possível queda, mas que não tem como sinônimo o fracasso. Onde, apesar da tamanha luz capaz de emergir, aceita que outra brilhe na noite fria e escura, mesmo que para isso seja preciso que se apague e que, nem por isso, acredite o mais desconfiado que ela esteja aniquilada, isso jamais. Só se prepara para ressurgir das cinzas, do breu profundo, cada vez mais forte.

10. A DISCUSSÃO FOI SOBRE COMPLEXO DE ÉDIPO

Édipo é o primeiro contato humano com a própria existência e apesar dos disfarces sua sombra permanece até a morte. A questão é, vai ter coragem de olhar de frente ou continuará fugindo de sua constante assombração, fingindo a sua inexistência?

Quando expomos nossas origens, percebemos nossas fantasias mais primárias, percebemos que os nossos comportamentos, escolhas e decisões não são nossos, são uma ilusão de nossos cuidadores ou do que percebemos neles, proveniente de suas falas, olhares e exemplos. São frutos de fantasias, sonhos idealizados e projetados por alguém que acreditou que isso seria o melhor para nós. São frutos das nossas percepções de uma autoridade que julgamos ser aquela que detém o poder da permanência de nossa existência no mundo real. Ouvindo o que ouvi, vendo o que vi, percebendo o que percebi, me julgo obrigada a questionar certos valores perante uma reflexão profunda...

Até que ponto sou precursora do meu destino?

Até que ponto minhas escolhas são originadas por minha vontade?

Até que ponto sou consciente da verdade das minhas escolhas de vida?

E quanto à afirmação do livre-arbítrio, será mesmo que tive o direito a ele?

Se estamos condicionados a um conceito predeterminado por aquele que entendo ser detentor da chave de minha permanência no mundo, estarei mesmo fazendo jus ao meu livre-arbítrio?

Até onde todo o meu esforço, minha coragem, minha determinação e sabedoria poderão mostrar quem sou ou para que sou?

Será mesmo que sou responsável por minhas escolhas de vida?

Será que haveria como ser diferente?

A partir do conceito de que fazemos parte de um todo, estando num todo e esse todo sendo uno, caberia a alguém a escolha de algo? E se fazemos mesmo parte do todo e entendendo que o todo nos põe numa condição de entrelaçamento fatídico, posso compreender que isso nos conduz a algo predeterminado, para que o objetivo do todo seja alcançado, anulando nossa opção de escolha, e como consequência o nosso livre-arbítrio?

Porém, apesar de estar perante essa dicotomia, que percebo no meu íntimo, que me faz questionar se o sucesso é mesmo uma opção de conquista sobre o fracasso e vice-versa, acredito que há uma opção de escolha pessoal, que pode nos levar a uma real escolha do destino e que pode nos tirar dessa circunferência existencial do todo, mas que está subjugada e só pode ser alcançada através do outro, o outro que verá em mim um outro que não julgo ser eu, e somente após acessá-lo, reconhecê-lo e aceitá-lo é que poderei ter discernimento por minhas escolhas, sair do todo e para o todo mostrar a minha presença liberta do condicionamento predeterminado por escolha nossa ou de outrem.

Quando Nietzsche fala no eterno retorno, entendo que ele fala do desejo de se repetir o que foi prazeroso na vida, mas acredito que também do que foi traumático. Acredito que é nesse entendimento que ocorre a repetição de padrões, percebo durante as sessões de terapia psicanalítica e regressiva, onde os complexos de vidas se formam e repetem constantemente, até que algo seja compreendido e a energia compensada. E é nesse conceito que acredito perceber que a constelação familiar se encaixa como uma luva.

Por que pensei nisso? Há algum tempo, analisando uma moça, percebi que ela namorou, se casou e se divorciou da mesma forma/tempo que a mãe, coisa que ela não havia percebido. Ao perceber isso, perplexa voltei-me a mim no intuito de comparação e nada percebi. Recentemente essa ideia veio à minha mente, e reorganizando, percebi que, assim como a minha analisanda, eu também repeti o padrão dos meus pais, ou seja, namorei, casei e me separei na mesma época que eles e, por mais que tenha me questionado, não percebi. Somente agora me percebo consciente dessa questão e de como essa teoria de Nietzsche me é compreensível e esclarecedora. Somos frutos do que pensamos e sentimos, formamos padrões, não totalmente como apresenta a constelação familiar, que herdamos dos nossos antepassados, mas por nossos próprios conteúdos, herdados na convivência familiar, cultural e social, conteúdos que são formados no decorrer da vida, através de projeções e repressões, onde a educação é transmitida através do conhecimento aprendido como verdade, retransmitindo-se também conceitos de culpa, medo e verdades como absolutas. Assim como a moça mencionada, eu também sofri uma fixação de culpa, por efeito de atos familiares, e por culpa repeti o padrão dos meus pais. Hoje percebo a importância da terapia, não como uma forma de me livrar das dores e sofrimentos da vida, mas como meio de me conscientizar desses padrões, reconhecê-los para finalmente quebrar o ciclo de repetições, me permitir vivenciar novas experiências, novas sabedorias de vida e deixar que os novos traumas fixados possam emergir do fundo da alma do meu ser, para então me permitir vivenciar uma nova perspectiva de noção de realidade e felicidade, com mais força e coragem ao enfrentar a frustração do real.

11. ALMA EM AGONIA

No desassossego de uma vida real, numa noite quente, escura, sem luz. Noite angustiante, tormento sem fim. Busca infinita de minha alma, de minha clarividência em fuga do sanguessuga, da falta de solução, em fuga de algo que amaldiçoe a minha paixão. Coração que sangra, alma em desassossego, Luz que não brilha, não clareia na escuridão, Luz que não reluz, no horizonte sem fim. E esse descanso que não se efetiva.

Alma que insiste em ensinar o caminho verdadeiro, Alma que me tortura com o eterno retorno, Ô Espírito de luz, vem acalentar minha alma, Ei de achar a solução, Ei de achar a luz da minha razão.

12. O MUNDO É FEITO DE POLARIDADES

Este universo em que vivemos não concebe o meio, tudo é dúbio e toda compreensão que estiver fora dessa realidade estará contida numa inverdade. Bem e mal, amigo e inimigo, amor e ódio, sabedoria e ignorância, seja qual for o ângulo a ser visto, sempre penderá para um dos lados. Não há como conceber o meio, não existe o mais ou menos bom, ou o mais ou menos sábio, neste universo ou se é ou não se é. O equilíbrio nesse sentido não existe, o que existe é a consciência do lado em que o ser se coloca, o desequilíbrio real está em se ser conduzido pelo inconsciente, de forma a viver sua escolha sem saber o porquê, independentemente do conceito social e cultural entre as polaridades de certo e errado. Quando o indivíduo vive a sua verdade de consciência, ou seja, de sua essência, o certo e o errado ficarão à mercê da própria pessoa, conforme a sua razão de verdades, e esse, sim, se tornará o verdadeiro sentido de equilíbrio, de conhecimento, a sua engrenagem libertadora.

Sendo assim, percebo que para se alcançar o equilíbrio neste universo é preciso estar o menos desequilibrado possível, ou seja, o pêndulo da percepção e da razão não pode estar em uma das polaridades, seja ela qual for, é preciso se equilibrar e estar o mais próximo possível do meio. É o que acontece com as doenças psíquicas, onde na maioria dos casos a pessoa se perceberá na vida em polaridade.

13. GÊNEROS OPOSTOS

O Sol olha para a lua e se mostra intenso e agressivo, tem a necessidade de impor todo o seu potencial para se fazer presente. Impõe sua magnitude e a faz submergir perante seu esplendor. A Lua, por sua vez, sempre singela e elegante, é que usa de toda a sua sabedoria, se faz não perceptível perante a presença daquele que se julga superior e aguarda com paciência o momento em que aquele magnânimo perde a sua força, acalentando-o nos braços, se mostra bela e influente, impondo todo o seu poder de persuasão, sobre ele e todos à sua volta.

O Sol representa a presença marcante do homem, o potencial da razão, a força que alude à consciência humana, energiza e higieniza o planeta, mas é na Lua, com toda a sua aparente fragilidade e suavidade, que reside o verdadeiro potencial; ela domina a Terra e tem uma indiscutível influência sobre a psique humana.

A Lua, representando o feminino, as profundezas do inconsciente, controla as marés, movimentando toneladas e toneladas de água. As suas três fases refletem o poder sobre o Céu, a Terra e as Trevas. Tem o princípio da reflexão, pois reflete a luz solar. Tem influência sobre as plantações, colheitas, e todos os seres vivos. Tem uma profunda relação com a água. Trabalhar nossas emoções e habilidades psíquicas aumenta a intuição. É a senhora dos sonhos.

14. FACETAS DE UM COMPLEXO FEMININO

O feminino tem grande força e potência, possui a dádiva da inteligência e da grande beleza entre os homens. É capaz de executar várias tarefas ao mesmo tempo. É capaz de amar e abrigar em seu colo vários corações, sem almejar uma condição específica. Porém, essa potência divina há de ser limitada, perante o feminino e o masculino, pois do contrário se tornará alvo de inveja e repulsa, representará perigo iminente, diante daqueles que a percebem. A mulher bela e burra é a imagem clássica do feminino com a potência incubada, e usado por várias décadas.

Marilyn Monroe, entre outras divas, representou esse estereótipo de mulher compensadora, que invalida a inveja feminina e compraz o desejo masculino. Ser mulher e ter potência, neste universo, é ser guerreira que tem como destino a luta por uma guerra de solidão, sem rival. É ser guerreira que a destina a um mundo onde a sua potência só pode ser exercida com louvor se estiver mascarada pela fragilidade, pela falsidade que se apresenta como característica da espécie.

Ter potência no feminino é estar condenado a um universo de não se ser quem se é e como consequência sofrer de uma dor existencial pela omissão, que há de ser cobrada por seu deus interior. Porém, assumir uma potência feminina é aceitar a condição de se tornar um ser solitário, eternamente singular no seu universo, por representar algo perigoso ao conhecimento cultural das sociedades, onde este foi aprendido e se quer crer como valor de verdade e de vida.

E, afinal, por que sofremos mesmo? Sofremos por causa do outro, mas não, não porque o outro nos rejeitou, nos abandonou, nos ridicularizou. Não porque o outro nos humilhou.

Sofremos pelo nosso primeiro ato, o ato que antecede a preferência, que antecede a escolha fatídica. A escolha daquele que será considerado o algoz de nossa existência, o carma de nossas vidas. Sofremos pelo culpado, pela culpa da própria rejeição e abandono, pela culpa de se autossabotar. O outro é apenas o meio, o outro é apenas o outro. O sofrimento é a dor de perceber-se coautor da própria manipulação, da própria mutilação, da autodestruição.

Essa imagem antiga que assombra a alma feminina está mais presente na vida das mulheres do que se imagina. Vivemos em uma sociedade que castra e reprime qualquer menção que se aproxime a tal realidade. E ela, a puta, que está entre as categorias de tipologia conceitual, utilizada por membros familiares e sociais como meio de educação, que é manipulada através da comparação. Conviver e crescer dentro dessa verdade, assim como tantas outras mal conceituadas e preconceituosas, faz com que o indivíduo passe a viver como um furtivo de si mesmo, aterrorizado com a ideia de que alguém possa reconhecer em si tal característica e como consequência o delatar.

Claro que isso não é consciente, afinal, é uma ideia Arquetípica, herdada dos antepassados, com o peso da verdade e condenação imputadas no inconsciente do ser desde seus primórdios, como ser vivente que se é. O simples fato de ter uma puta no armário, reservada e escondida do mundo, é algo de muita culpa, que condena as próprias escolhas, o modo de se ser, de se relacionar com o mundo interno e externo, como o de se vestir e se comportar perante esses mundos.

Mas, afinal, como é possível classificar uma puta em si, sem ao menos tê-la conhecido intimamente, sem saber suas características, desejos e vontades ocultas? É preciso coragem e determinação para conhecê-la e acessá-la internamente, é preciso descer até o seu prostíbulo e vasculhar cada vestígio de sua presença, reconhecer cada odor de sua existência. Portanto, a faceta do complexo feminino aqui analisada é representada pelo simbolismo da puta, que é o retrato do complexo mais marcante do feminino. A puta não é apenas aquele ser promíscuo que se expõe e se vende aos homens de toda espécie e gênero. É também um ser que vive a vida sem medo de ser feliz, que se permite viver a sensualidade e o desejo em sua essência, é o ato de se dar e o festejar a sexualidade, algo que representa muito prazer, quando vivenciado com permissão de si.

Proponho então uma reflexão sobre essa questão demoníaca da puta, que arremessa o ser nas profundezas de um fel amargo e torturante do âmago da alma. Se o ser teme uma condenação social, perante algo nos seus atos que pode assemelhar a imagem da puta, compreende-se que algo está oculto. E se está oculto é porque algum dia esse algo existiu, mas se algo existiu e não existe mais, por estar oculto, não haveria de representar perigo.

Porém, se ainda estando oculto esse algo representa perigo é porque não está oculto, e sim presente; no entanto, se o ser ainda reage como a ocultar a total presença desse algo, estaria ele meio presente? E, perante esse conceito encontrado de meio presente, será então possível considerar que essa puta que está meio perceptível seja então meio puta? Seria como classificar alguém como meio virgem, seria possível?

Compreendo que nesse caso o meio não existe, o que existe é uma falácia sustentada numa tortura sutil e ilusória que vem condenando mulheres e homens desde a Idade Média, onde se furtou do ser o direito de escolha de se saber o que e quem se é, por medo de uma condenação divina, que tem como consequência a rejeição como um todo e que está sustentada no ponto mais delicado da existência humana, o controle e manipulação do ser através da própria sexualidade.

A puta condenada, por sua conduta e escolha, é a meu ver a condenação de uma face humana a se tornar falsa e vil, pois essa puta existe e sempre existirá dentro da alma humana, não há como escondê-la, assim como existem e estão presentes, no ser em si, todas as polaridades que formam nosso universo interior.

Acredito que o conflito interno humano, na questão principal da puta, aqui conceituada, não existe numa questão comportamental em si e de si, mas sim numa questão conceitual de sua existência, onde quando rejeitada atrai desequilíbrio, dor e sofrimento, enquanto que, quando aceita e reconhecida, há de ser inevitavelmente trabalhada, trazendo ao ser grandes ganhos de saúde física e mental, perante a questão de posicionamento em estar no mundo e se ser quem se é, como escolha própria, e não como algo imposto pelo outro.

15. RECONHECIMENTO DE UM VALOR

Passamos uma existência inteira em busca do reconhecimento de um valor a ser atribuído ao nosso ser pelo outro, o outro que sempre representa o resgate do que foi perdido no passado. Mas, como esse valor há de ter valor, se cada ser tem um julgo de valor, que é baseado no próprio conteúdo e residente na própria experiência de vida? Experiência essa que é individual e particular, e portanto, é dependente da percepção e de conceitos singulares a cada ser.

Será mesmo que o conceito de valor da nossa vida pode estar contido na verdade de um outro? Isso está para aquele que pensa achar no outro as respostas, quando se atribui a esse outro a capacidade de avaliação de um valor real universalista. É provável que passemos a acreditar que o nosso valor está no conceito de julgamento do outro, pois, desde os primórdios da vida, buscávamos nos pais esse reconhecimento, que nem sempre correspondeu às nossas expectativas, não porque havia falta de atenção ou amor, mas porque, justamente, estes pais também estão submetidos aos próprios conceitos de valores. Nem sempre a compreensão de valores de um corresponde ao conceito de compreensão do valor de outro, causando uma certa frustração de quem espera que o outro supra suas frustrações primárias.

Como então podemos achar que esse conceito de valor pode ser adquirido ou confirmado por outrem? Mediante esse ponto de vista percebe-se a falta de fundamento nessa busca, daí tanta frustração perante as relações humanas. Seria como entrar numa guerra vencida, onde praticamente já estamos rendidos à morte ou escravidão existencial de si mesmo. Assim, é de fácil compreensão que o valor atribuído ao ser não há como ser atribuído por outrem, e sim pelo próprio ser, pois o conceito de valor está submetido a projeções de conceitos preestabelecidos do que foi introjetado em cada ser, perante o conceito de um outro.

A dor de viver é o que traz a consciência da vida. Ao nascer, o ser se depara com um novo mundo, um mundo que se apresenta mórbido, gélido e extremamente agressivo. A dor inicia-se no parto, o ar que se respira, que desce queimando pelas narinas, garganta e invade os pulmões. Inicia-se a vida, a vida real, com toda a sua aspereza, com toda a sua fragilidade existencial. Inicia na zona oral, na dificuldade no sugar, no ingerir o primeiro alimento, na dificuldade de se expressar, de se comunicar, de ser aceito, compreendido e amado.

O ser indefeso e frágil logo percebe a sua insignificância perante o mundo que se apresenta. Pulsa em sua alma a realidade, a providencial necessidade do cuidado do outro, onde emerge a dependência total perante a existência que se apresenta. Rege a verdade existencial de cada ser, a necessidade de se jogar no outro, seduzir o outro, introjetar o outro, tudo para conquistar e ao mesmo tempo se defender daquele que aparentemente se apresenta para protegê-lo.

A vida segue, não há retorno, não há razão, não há final, não há porquês. A vida segue, e com ela toda a magia, toda a esperança, toda a fantasia, toda a irrealidade que se cria em volta dessa dor que emerge do inconsciente marcado pela memória dolorida de se saber que um dia se temeu a própria vida. De que um dia se esperou algo melhor e se frustrou perante o gigante que se apresentou e o abandonou sem explicar porque um dia a vida se fez presente, porque a vida se fez dor e angústia por viver.

Se a dor se apresenta na vida de todo ser vivente, sem fazer valer preferências ou predileções, será de fácil compreensão que a questão não está em deixar de sofrer na vida, e sim em aprender a sofrer, aprender a aceitar a própria dor de talvez se ser algo que já foi um dia, de se ser novamente dependente, incapaz, indefeso, incompleto, insignificante, impotente perante seu mundo, perante o outro, aquele outro que te olha com olhar de surpresa, olhar que nem sempre é receptivo perante a sua expectativa. À espera de se estar sempre à espera do próximo ato, o ato da vida presente, o ato que nos arremessa para o crescimento maior, o crescimento espiritual. Mas o que é o crescer?

O crescer nada mais é que o compreender a vida, compreender e aceitar a dor da vida, compreender quem se é, como se é e por que se é, para só então compreender e aceitar a angústia inicial da vida, a angústia e a ansiedade que se apresentou no cerne da vida, no cerne da alma humana, apenas por não se saber o que é que se é. O porquê do ser no ser em plena existência finalista, como assim se apresenta.

Assim, a dor se apresenta como o meio, o meio de se acessar a vida, acessar o estar vivo, a primeira sensação, a primeira impressão, que tende a se apresentar como algo que prova a verdade de expiação de uma vida, a verdade que se inicia na dor e tem como finalidade o encerramento na mesma dor, que dará o desfecho para uma nova experiência, uma nova vida, e perante tudo isso, ainda, achar o seu valor perdido na existência daquele outro que lhe concedeu a vida.

16. ESSÊNCIA DE POTÊNCIA

Todo ser ao nascer se vê no mundo nu, desprovido de toda a sua potência existencial. A nudez, que aqui se apresenta como simbólica, traz em si a mais dura realidade, vi isso em meus sonhos e na vida. Um dia, me furtei da beleza e da inteligência, me inferiorizei, tudo em prol de um ganho secundário, que seria me defender da agressividade, proveniente da inveja e de ser aceita, por aqueles que julgava terem a obrigação de me amar.

Quando rejeitada, maltratada e discriminada, por amigos e familiares, não compreendia por que recebi do mundo algo tão cruel, afinal, quem tem culpa de ser pequeno, feio, burro, quem pede para ter esse destino? No mínimo pensava como a maioria, se sou assim é por culpa dos genitores e de minha má sorte. Porém, no decorrer da minha existência, a vida me fez compreender que todo ser nasce para exercer sua essência de potência, e se faz necessário esclarecer, é evidente que não vi isso sozinha, fui projetada, por uma profunda dor existencial, numa busca de verdades sobre mim mesma e nas análises terapêuticas que encontrei no caminho da vida, me fazendo ver isso.

Pensando sobre o fato de que todo bebê nasce impotente, porém nasce belo, inteligente, sedutor e encantador, vem ao mundo com todos os princípios básicos da conquista, e a vida lhe dá isso justamente para compreender e desenvolver a sua potência. Essa é a lei, todo ser há de desenvolver-se para exercer essa potência, ideal de estarmos aqui na Terra.

Percebo em minha história de vida uma verdade, que é apenas a minha verdade, a minha verdade de potência. Aquele que se ausenta em exercê-la atrai para si a punição em forma de rejeição, agressividade ou doença, mas não se engane, não é Deus ou o mundo que nos castiga, somos nós mesmos que nos autocondenamos, autoflagelamos. O nosso espírito sabe quem somos, de onde viemos, para onde e como devemos ir, e inconscientemente nos cobrará da nossa verdade.

Tudo o que se tem vivenciado na vida é importante, pois é uma questão de experiência e errar faz parte. O mal é um bem necessário para que o bem seja reconhecido e valorizado. Afinal, o bem só dá prazer porque um dia foi vivenciado no mal. E como vivenciar o bem e o mal sem buscar na nossa essência a nossa verdade de potência e nosso valor real?

Triste mesmo é o homem que se afasta da natureza, esquece sua essência e sua origem. Esquece as coisas simples da vida, o contato doce da água e do Sol sobre a pele, numa tarde de verão. Esquece de se recostar à sombra de uma árvore e observar a natureza à sua volta, que nada cobra e só o que espera é ser admirada. Aquele que busca a felicidade no desejo, no ter, se joga num poço sem fundo. Busca algo que lhe traga o elixir de sua angústia, porém esse elixir, por ser primário de seus desejos, é praticamente inacessível, daí a angústia original.

O homem que se entrega nessa aventura se anula de viver a própria vida, vive a vida no outro e pelo outro, vivendo uma disputa desleal entre o passado e o futuro, esquecendo-se de si, daí a solidão existencial.

A felicidade não tem busca, destino, ou um lugar específico. Ela reside no interior de cada ser, é humilde, singela e singular. Não deseja, não espera e não tem promessa.

A felicidade é algo que já se tem desde o nascimento, ela apenas está dentro do ser, apenas sente e só precisa de ser externada.

Ah... como é doce o néctar das flores, como é belo ver um beija-flor em seu jardim, se deliciando e bebendo da dádiva de uma rosa. Belas mesmo são as flores que ao amanhecer, reluzentes da mais pura beleza, dão o seu néctar ao bem-amado beija-flor. Sem nada pedir a seu favor. O doce prazer dessa flor está apenas no simples prazer de perceber em seu olhar o mais íntegro prazer de viver e amar. Por aquele que foi o sabor do prazer. Da mais bela e singela flor.

17. O QUE SOU?

É simples assim! Sou um ser humano, preciso de gente, gosto de gente.

De gente que gosta de gente, de gente que sabe que gente não é perfeita, de gente que aceita a gente como é, de gente que quer descobrir gente dentro da gente, de gente que sabe que é gente, que sabe que sou gente.

E, como gente, cruel e imperfeita serei, até aprender a ser gente, um pouco melhor que a gente. Porém, com a consciência exata de que toda gente sabe ser cruel e má, mas que também toda gente sabe e tem a capacidade intrínseca de amar e através do ato de amar, pela dor do amor, se tornar em gente que sabe amar gente.

Sou um vaga-lume perdido na floresta. Sou uma lamparina acesa no campo de concentração. De onde venho? Da mais pura circunstância do acaso. De uma divindade perdida no rubro escuro do infinito. O que busco? Busco alumiar e encontrar o caminho perdido.

Busco denunciar uma dor infinita.

Onde estou? Estou vibrando com o som do apogeu.

No som daquele que eleva a alma e direciona o espírito. O que espero?

Espero trevas para posicionar minha luz.

Espero luz para clarear minhas trevas.

Espero amor para revelar a minha dor.

Espero dor para aplicar meu amor. Para onde vou? Para onde meu destino me levar, o destino escolhido por minha alma. Sou fruto do meu viver, sou vida da minha fruta.

Será que sou o reflexo do teu desejo?

Ou é você que é o reflexo do meu?

Vivemos como numa dança circular onde todos circulam e se entrelaçam juntos numa dança harmoniosa de sentimentos e emoções, que se intercalam perfeitamente.

Amor e ódio, tristeza e alegria, virtude e defeito. Quem de nós poderá julgar de onde e para onde vai? Muito menos o porquê?

Ouço, mas não escuto.

Vejo, mas não enxergo.

Um dia só falei e não fui ouvida. Um dia só ouvi e não compreendi.

Um dia só escrevi e não fui compreendida.

Hoje busco a luz nas trevas de meus pensamentos.

Meu amor não é brando, é profundo, não é superficial, é dinâmico.

Minha alma é leve e arrebatadora, caminha por luz e trevas, em busca de uma flor.

A flor rara que contém a essência da vida, a essência divina de cada ser, o elixir do amor. E onde encontrar esse elixir divino?

Esconde-se em palavras não ditas, sentidas ou amadas. Palavras são como canto de pássaros aprisionados, que precisam de liberdade para cantar sua canção, precisam confiar em seu voo, para finalmente expressar seu amor.

18. MOMENTO MÁGICO DA TERAPIA

Dizem que a terapia inicia no primeiro dia, na entrevista. Que a terapia ocorre dentro do set, perante o analista, perante suas pontuações e questionamentos. Equívoco, a terapia inicia no exato momento em que o indivíduo aceita e se predispõe a fazer terapia. E esse momento importante da terapia se repetirá a cada sessão, momentos antes da pessoa decidir entrar no set. O set é apenas um local físico e o analista, apenas uma referência. A terapia real ocorre dentro da psique do ser, pois todo tratamento terapêutico não acontece durante o horário agendado para consulta com o analista, como se pensa, e sim durante o processo terapêutico, que é justamente o espaço de tempo que sucede e antecede o período da terapia dentro do set.

Qual o papel do analista então?

O analista representará apenas aquele amigo do peito, aquele amigo imaginário em que você pode confiar, para quem pode falar o que pensa, pode contar com ele sem pestanejar. Aquele que o livrará da culpa equivocada. Será alguém que entra em sua vida para apoiá-lo nos bons e maus momentos. Aquele amigo que jamais te julga, que apesar de agir como alguém íntimo da família, não o é, é apenas um bom amigo, que te apoiará nos momentos mais difíceis. Na história da vida, o protagonista é o analisando, o analista é apenas um mero coadjuvante, aquele que entrará em cena apenas para dar suporte e fazer a cena da vida representar.

19. O TABU DO UNIVERSO HOMOSSEXUAL

Julgado como algo condenatório, ofensivo, doença, vício ou anomalia. Mas a meu ver é apenas uma forma de amor, como tantas outras. Permite-se justificar uma guerra por um conceito utilitarista, mas não uma união por um princípio de amor. Julga-se o homossexualismo ou o bissexualismo como uma abominação da espécie, uma aberração.

Porém questiono esse julgamento, pois tem base em conceitos religiosos, e não divinos. E me pergunto, se Deus é perfeito, e o é, pois atesta em sua obra natural, por que será que ele criaria o hermafrodita? Um ser natural, criação divina, possuidor de dois sexos. Será que esse ser, de sexo indeterminado, não mostra ao homem o poder da criação, o poder de uma perfeição, de nossa perfeição, que talvez se enquadraria no direito de amar livremente o que realmente deseja amar?

Quanta agressão foi despendida por ignorância ou rejeição do próprio desejo?

Que mal ao mundo um ser pode estar representando ao se relacionar sexualmente com outro similar, a não ser por conta de um bloqueio de procriação? Fato que atualmente representa uma bênção, seria mesmo como um controle da natalidade sem mortes, por catástrofes, guerras ou doenças. Um controle natural de natalidade, sustentado no amor primeiro, sustentado num amor divino. Para mim, essa forma de interpretar a sexualidade humana é uma amostra mais coerente, para compreensão do amor de Deus, em relação a esses conceituados distúrbios da sexualidade.

20. AUTOVALOR EXISTENCIAL

Matei essas mulheres maravilhosas.

Mulheres românticas, sonhadoras, mulheres manipuláveis.

Matei algumas ao fio da navalha, cortei laços de dor, angústia e ódio.

Cortei rancores e rejeições, matei algumas com golpe certeiro.

Golpes de determinação e luz, golpes de positividade e fé.

Hoje encontro outras mulheres, mulheres mais fortes, mulheres mais firmes, mulheres que não fogem à luta!!! Que nunca desistem dos seus sonhos.

O que eu sei?

Sei que preciso me amar, me valorizar, para conquistar algo.

Sei que não existe um ser igual a mim.

Sei que a unicidade me faz um ser especial.

Um ser raro e admirável. Admirável, sim, pois tudo que é raro é algo de grande admiração.

O que eu sei?

Sei que sou o ser mais importante deste universo, do meu Universo. Como uma estrela, que, apesar de estar só no firmamento, pertence à sua constelação, mas que nem por isso deixa de ser única e, justamente por isso, nunca perde o seu valor, perante a abóbada celeste. Ela se via, sem atitudes e personalidade, e como um rinoceronte se questionava, pois queria agir como alguém meigo e dócil, aos olhos dos outros.

Questionei-lhe se seria possível um rinoceronte caminhar até um lago sem pisotear um meigo coelhinho, caso este fique no seu caminho. E perante uma outra reflexão sobre mim mesma, pergunto: Se cada ser que existe no Universo existe perante o que lhe foi determinado, como um grande tigre, que é forte e feroz, por sua própria natureza, poderia este ser responsabilizado pelos seres mais frágeis por suas atitudes?

Penso que assim também é o ser humano, aquele ser que nasce com uma personalidade forte, de potência, e como um rinoceronte, que pela sua simples condição existencial perturba e acaba por agredir e provocar inveja aos pobres coelhinhos do universo. De modo que, por críticas, sua própria inferioridade tentará tirar a potência do pobre rinoceronte, limitando-lhe o direito de beber livremente sua água no rio, apenas por se preocupar com os frágeis coelhinhos, fazendo-o injustamente acreditar na sua brutalidade e que o rinoceronte teria de caminhar pela terra com doçura e leveza, coisa impossível para sua natureza.

Penso que cada ser do universo deve reconhecer seu potencial, assumi-lo e se posicionar. Assumir seu potencial que assim o é, assim o deve ser. Desculpem-me os pobres coelhinhos, mas o grande e belo rinoceronte precisa passar, se levantar de onde está e caminhar com toda a sua grandeza e nobreza. Afinal, cada ser neste universo tem sua utilidade e valor e deve reconhecer sua potência e lugar que ocupa no universo e se colocar, conforme sua natureza, respeitando uns aos outros.

21. CRIAÇÃO DIVINA

Quando Deus criou o universo, criou a vegetação e tudo que sustenta o nosso planeta.

Criou animais fortes e ferozes, criou animais mansos e pequenos, criou seres indefesos e inteligentes, como o ser humano.

Criou os mares, as terras e as pragas. Enfim, tudo no nosso mundo tem seu lugar e seu propósito. Aquele que não cumpre o seu papel no grande Universo tende a perecer.

22. VERDADES EXISTENCIAIS

Na mais tenra idade do ser, o mundo é apresentado conforme a visão daquele que se mostra como seu cuidador. Inspira confiança, e não teria como ser diferente, afinal, é dele que vem a razão de sua sobrevivência. Estamos falando da infância do ser e é nessa fase que é formada a consciência de conceitos e crenças do mundo, como verdades existenciais. Na fase adulta vivemos com padrões de pensamentos que criamos e desenvolvemos ao longo da vida e acreditamos representar a nossa realidade. Nosso universo psíquico é formado desses padrões e o modo como levamos a vida é um reflexo direto desses padrões de pensamento. Quando temos consciência disso, adquirimos o sentimento do direito à opção. Porém, quando não, julgamo-nos vítimas indefesas da vida, agindo como seres impotentes, que não possuem o poder para mudar ou orientar a própria existência.

Na infância esse poder realmente era inexistente, mas no decorrer da existência o ser deve buscar assumir as rédeas da própria vida. E então surge a pergunta, como fazer isso? Ora, terapia, é claro. A consciência de si traz força para lidar com a vida, assumir ou recusar suas respectivas escolhas, com mais aproximadamente certeza do que se quer.

Conhece-te a ti mesmo e conhecerás o mundo. É para isso que serve a terapia? Sim e não. Será possível conhecer-se a si mesmo?

Afinal, o que é se conhecer?

A terapia serve para o indivíduo se recordar de algo que ficou esquecido. Se reconhecer como ser que existe no mundo e como tal pertence e faz diferença. O não reconhecimento e aceitação de si envolve o ser numa mortalha existencial de dor e sofrimento. Reconhecer-se como ser no mundo é perceber-se gente. E ser gente o que é?

Ser gente é ser gente que erra, que acerta, que teme, que duvida, que chora, que ri. É simplesmente ser gente, mas que não tem obrigação de ser gente como agente. É saber-se gente, gente diferente, gente que deseja coisas diferentes e que nem por isso representem coisas erradas ou feias, como disseram para a gente e nos fizeram acreditar como verdade. A terapia tem o poder de desvelar, de desmistificar uma assombração. Essa assombração sustenta medos e consequentemente os congelamentos existenciais. Ora, como o ser pode caminhar na vida firmemente, se ao dar um passo tem a sensação de que já conhece o caminho, mas não consegue se lembrar e perceber se o caminho é o certo ou o errado? E apesar disso a vida à sua volta insiste em alertar sobre cuidados quanto à sua conduta, pois pode optar pelo caminho incerto. Seria como alguém que vê à sua frente uma longa ponte e percebe abaixo um precipício, mas que tem de ser atravessada. Percebe o caminho da ponte a ser percorrida, sabe onde vai dar, percebe a ponte como segura e estruturada, pronta para ser atravessada. Porém, esse ser é vendado e posicionado na base dessa ponte, que representa a vida de cada indivíduo. À sua frente atravessam aqueles que já percorreram o caminho e te dizem o passo a seguir; no entanto, apesar da respeitável experiência, também sabemos que aqueles seres se encontram vendados. Ou seja, sabemos que estamos à mercê do outro, de alguém a nos mostrar um caminho que nem sempre sabemos se é aquele que nos levará ao ponto final da ponte em tempo hábil e com segurança. A terapia é uma das ferramentas que a vida nos dá para reconhecer a venda em nossos olhos. É a ferramenta que tem como opção desgastar essa venda existencial, onde apesar de mostrar a dor de ver os caminhos mal percorridos pela vida, por erro próprio ou alheio, também irá nos presentear com a possibilidade de enxergar o passo a seguir com mais segurança, livrando-nos da repetição e do medo que nos assombra, responsável pelo freio existencial de nossas vidas.

23. VIDA E MORTE, MAGIA DE POTÊNCIA

Não sei por que digo o que digo. Mas sei que se digo é porque algo deveria ser dito, mesmo que, para o ouvinte, o que digo não lhe pareça digno de ser dito.

A vida é um mar revolto, que leva a embarcação, conforme a força das águas. A princípio não se percebe, pois se acostuma com o movimento arredio do mar. Porém, com o passar das horas, percebe-se que o casco do barco já não é o mesmo. O barqueiro precisa estar atento, pois pode estar negligenciando a devida observação e o cuidado necessário, perante os acontecimentos à sua volta e cair num redemoinho sem retorno. Assim é a vida.

Se a vida não apresentasse às pessoas o espelho, a idade e a velhice, pouco valor teriam. O ser junto à natureza se torna perfeito, eterno e atemporal.

E, afinal, qual o valor da vida?

Conquista de coisas, pessoas, honras?

Desenvolve-se num mundo irreal de sonhos e expectativas. Materializam-se ilusões e fantasias do submundo imaginário. Acredita-se no superior, invencível, dono de um poder infindável. Acredita-se no indestrutível, detentor do direito de aniquilação.

Ilusão que não se mede, que não se sente. Mas, afinal, qual será a razão de se viver?

Talvez, pelo óbvio que aparenta, a de nos mostrar a verdadeira face de nós mesmos, que diante de tamanha realidade se apresenta mortífera. Estágio da vida que revela a face sombria, sem máscaras ou jogos. Face dura, original e nefasta, face que maltrata o ser diante do orgulho vaidoso. Uma face que há muito tempo está escondida e esquecida, mas que possui o poder de revelação.

Estágio necessário da vida que destrói a ilusão e a fantasia, para construir a realidade. Perante a real verdade da vida, a realidade que desponta perante a razão. A verdade da potência da vida, que se faz pequena e insignificante. Perante a potência da morte, que impera e revela todas as faces da vida.

A morte é a maior certeza da vida e a maior verdade também. Mas não uma verdade absoluta, como muitos pensam, não mesmo, a morte é apenas uma representação simbólica do fim. Na verdade, a morte é apenas uma passagem, um meio para a linda viagem entre vidas. Vidas vividas, nascimento e morte, se intercalam e se entrelaçam, como numa bela valsa, onde os pares vão sendo definidos, entre encontros e desencontros, dividindo espaços e aprendizagens. No início se pisoteando mutuamente, tropeçando e se desencontrando. Porém, o desajeitado, lentamente, vai se acertando e aprimorando o movimento, aprendendo a ter mais flexibilidade e leveza a cada passo. A morte é a grande dança, a passagem para uma nova vida, uma vida de novas vivências e novas experiências. Abençoada seja a morte, simbólica ou real, que nos tira da inércia da vida, com toda a sua lama de sofrimentos e torturas intermináveis e nos arremessa no vácuo da esperança, por uma vida melhor, seja lá o que isso possa representar.

24. DEUS ME LIVRE DA NORMOSE

Loucura, o que é loucura?

Palavra torpe, palavra infame.

Loucura? Loucura é desatino.

É saber o que não se sabe.

É buscar o que não se tem.

Loucura? Loucura é sanidade.

É sanidade? Ora, sanidade é loucura.

Quem já não vivenciou o assombro do enlouquecimento?

O medo de se ser confundido, de se ser julgado como tal?

Quem já não se vendeu diante dos olhares maldosos da diferença?

Loucura, loucura é sinônimo de alegria, de felicidade.

Loucura é sinônimo de liberdade e de integridade.

E sanidade?

Perante os míopes que se julgam, perante os desajuizados, sanidade é sinônimo de cárcere, de prisão existencial.

Deus me livre da sanidade, da sanidade insana que é o universo social.

O louco tem medo de ficar louco? Não, quem tem medo é quem sofre de excesso de sanidade, na verdade o louco nem se percebe como é, ou melhor, não há conveniência em ver, afinal ele é louco e, como tal, a ele tudo é permissível. Na sanidade existem mais amarras e sofrimentos do que na própria insanidade, apesar da degradação existencial, que se apresenta aos olhos de quem vê, o que nem sempre representa uma realidade sofredora de si.

25. O SIMBÓLICO BAILAR DA FANTASIA QUE É VIDA

Por que dançar? Ora, por que não dançar?

A dança nos leva a uma outra faceta da loucura, a loucura que é se permitir ser feliz, nem que seja por alguns momentos da nossa existência.

Na dança vivem pequenos conceitos, pequenas realidades, realidades que são vividas, mas comumente não percebidas na vida. Dançar é experienciar um tiquinho de verdades, de verdades indivisíveis e individuais, de verdades reais, pequenas verdades, verdades existenciais. Na dança se aprende a cortesia, o respeito e o afeto, por aquele que leva e se deixa levar. Permite pequenas percepções, percepções importantes, como a percepção egoica, dureza de alma, inflexibilidade na vida, rigidez de pensamento. A dança ensina muito, ensina a dividir, compartilhar, ensina a escuta dos ritmos e batidas, ensina a sentir e observar cada gesto, cada movimento, daquele que se dispôs a lhe acompanhar na pista da vida.

Ai, a dança... como é bela a dança e como terapêutica é essa dança. Agradeço aos divinos professores dessa arte, que passam e passaram pela minha vida, com seus conhecimentos, nos presenteando com a magia da vida a cada dia, abençoada sou por um dia ter me permitido entrar nessa egrégora divina.

Por vezes a caminhada pode ser dura, difícil e cansativa. O trajeto pode ser tão penoso, que exigirá do ser muita coragem para seguir em frente. Os pés e as articulações das pernas poderão doer tanto que dificulta o caminhar, podendo chegar à exaustão. Porém, ao se chegar no cume da montanha almejada, será conquistado o prazer infindável de vislumbrar toda a paisagem e beleza de um horizonte sem estigmas de representação.

Interessante... nosso universo psíquico também não é assim? Vivemos a vida a acreditar no que vemos ou no que aprendemos a ver, porém se mudarmos o ângulo podemos perceber que o que víamos também pode ser outra coisa, novas perspectivas da nossa realidade. Assim é a metáfora da vida, feita de fantasias, por que não? Afinal, desde a infância fazemos isso. O problema é quando passamos a acreditar na fantasia e como eternos cegos viver a vida.

Dirão, isso é uma opção, é um direito do ser. Até posso concordar, porém a realidade é vaidosa e orgulhosa, e apesar de ela deixar a fantasia reinar o quanto quer, há de se fazer presente, mais cedo ou mais tarde, com toda a sua força de verdade, retomar o seu espaço e destruir a fantasia, seja por consciência, seja por sintomas.

Cadê a dúvida, que não se cansa de se mostrar, com toda essa incapacidade de compreensão do mundo? Cadê a vida, que não traz respostas aos corações em desespero e deixa essas dúvidas livres a brincarem e se divertirem com os ingênuos infelizes? O Universo baila, é impiedoso, não escuta as súplicas angustiadas, não para de girar, não espera o acalanto do nosso olhar. Gira mundo gira, leva consigo os movimentos perdidos. Leva consigo todas as memórias esquecidas, boas e ruins. Traga o novo, aquele que envolve a vida de luz e esperança. Aquele que trará a razão do bem viver e em seu movimento sutil e brando trará aquilo que precisa ser conquistado, aquilo que não precisa de respostas ou de ser compreendido.

É o Mundo dos avessos. Compreendo o que os grandes mestres vêm dizendo há milênios. Que vivemos num mundo de inversões, mundo das ideias, realidade de vida vista por espelhos, universo dos contrários, que nada neste mundo é o que parece ser. Que o que parece sólido é apena energia condensada. Que o que parece ser eterno está se renovando a cada segundo, nem mesmo nosso corpo físico escapa a essa realidade, pois a cada sete anos surge um novo ser. Se este é mesmo um mundo de ilusões, como dizem, se é mesmo o mundo dos opostos, e acredito mesmo que seja, devido às inúmeras evidências que percebo, compreendo então uma grande verdade. A de que a doença é cura, que saúde é doença, que a morte é vida e, portanto, que a vida, pela qual tanto lutamos, é morte.

Ora, evidentemente não temos a capacidade de perceber essa realidade distorcida, nossa percepção cognitiva distorce o real, nosso inimigo nesse quesito passa a ser a nossa razão, nossa racionalidade. Pois, para percebermos essa inversão, temos de olhar por outra ótica, imagem do simbólico, como já afirmou Jung em suas teorias. Diante dessa perspectiva de pensamento, compreendo que: doença é cura, pois é através dela que retornamos ao corpo e à alma, pela dor, para o ser em si. É o eu buscando um meio de reconhecimento de seu ser interior, de sua verdade. A superação ou complicação da doença está relacionada ao conteúdo causal, do inconsciente que clama reconhecimento, que busca um ajuste do eu interior com o meio.

Saúde é morte, pois quando estamos em plena saúde vivemos no outro e para o outro. Conquistas, prazeres e obrigações, o mundo exterior passa a ser a razão de viver e, consequentemente, esquecemos de nós, nos descuidamos do nosso ser físico, emocional e espiritual. Nessa ótica vemos que a doença nos traz à vida, pois, perante ela, os outros não habitam em nós. Morte é vida, pois, segundo os espiritualistas, é através dela que iniciamos nossa verdadeira jornada. E a vida é morte, pois morremos a cada dia, buscando enterrar emoções e sentimentos congelados no espaço-tempo de nossa alma. Lutamos e vivemos a vida num driblar de ansiedades, angústia e fobias, tudo direcionado à grande espera, o momento ilustre que nos mostrará o único, certeiro e verdadeiro sentido da vida, que é a morte. A fauna e a flora, com sua sábia curta existência, nos mostram a realidade da vida, nos auxiliam a aceitar o inevitável, a vivenciar o que mais nos angustia, a perda. Que é justamente o sentido da vida, pois a perdemos a cada segundo de nossa existência. Percebo tudo isso como uma bênção, é a manipulação da grande mãe, a vida, que nos mostra a cada segundo como direcionar a nossa própria existência, sem permitir que nos abandonemos, nos flagelemos e nos esqueçamos de nós, pois se tem alguém mais importante neste mundo esse alguém somos nós mesmos. O outro, até mesmo Deus, por mais importância que tenha em nossos conteúdos psíquicos, perde total sentido se não existirmos.

A verdadeira prisão da alma está nas máscaras e fantasias, que a vida cobra como forma de sobrevivência, perante o universo hostil. A liberdade está na penumbra das sombras. A luz só consegue se revelar nas profundezas das trevas, quanto mais profundo, maior será seu brilho.

O melhor da vida é o virar da página, sem poder saber o que vem depois. O pior da vida é encontrar o desprezo e a ignorância, o maior representante da solidão.

26. A MUDANÇA QUE VOCÊ QUER ESTÁ NA DECISÃO QUE VOCÊ NÃO TOMA?

Perfeito, e o que está por trás dessa falta de atitude? O medo, sentimento que na maioria das vezes nos impede de caminhar, que nem sabemos do que ou de onde vem, por estar inconscientizado, proveniente de uma experiência de dor vivida e esquecida. E como destravar essa sensação de impotência? Buscando conteúdo do inconsciente, que nos traga elucidações da verdade, através da terapia. Quando o medo fantasioso vem para o consciente, perde sua força pelo reconhecimento de inverdade. Cada medo pertence a uma situação específica, que na maioria das vezes não condiz com a atual realidade que o indivíduo está vivendo.

Amar é reconhecer no outro o eu adormecido.

É buscar contemplação do eu esquecido e abandonado, o eu que suplica atenção e cuidado. Porém, o Amor genuíno tem como princípio a liberdade, pois tudo que se vê preso tende a perecer em si mesmo. Na terra do controle, não há amor, o que há é egoísmo e neurose obsessiva.

A dúvida cria um bloqueio, o medo da revelação, que por consequência afasta as pessoas com as quais temos relações afetivas. Quando conteúdos obscuros são revelados e assumidos, quebram-se as resistências quanto ao novo e a harmonia tenderá a se instalar novamente.

Uma terapia bem feita acontece quando o terapeuta está para o analisando assim como o analisando está para si mesmo. Técnicas e conhecimentos do profissional são essenciais para que aconteça uma boa terapia, porém sem o empenho do analisando em acessar os próprios conteúdos nada acontece. Resulta apenas numa grande fantasia terapêutica.

27. MORTE, A FÊNIX DA VIDA

Algo tão real e ao mesmo tempo tão simbólico. Realidade que sustenta temores e conflitos existenciais. Para alguns, ferramenta de manipulação e escravização do ser; em contrapartida, para outros, simboliza o limite de potência, desejos e vitórias do ser. Mas, afinal, por que se limitar ou temer algo que é inevitável e que, na verdade, pertence a uma lei divina, o fim último de todo ser com existência na terra? Será que já não nascemos conscientes dessa realidade?

A morte, no campo do simbólico, não é o sinônimo do novo, do extraordinário? A fênix não tem que sofrer amargamente para morrer e só então ressurgir das cinzas, mais forte e bela? Por que temer e se limitar a algo que só traz o novo?

Temos como princípio de vida uma crença social e cultural de sofrimento perante o fenômeno da morte. Aquele que compreende a morte como algo natural e não vê razão para sofrer por ela, seja qual for a compreensão, é taxado como frio e insensível. Assim também é visto todo aquele que sai dos padrões sociais; é preciso agir e reagir conforme o que é esperado, e isso é uma agressão ao indivíduo, que se compraz com um sentimento que não compreende como seu.

Ora, o grau de sofrimento não deveria ser um direito de escolha, individual e intransferível, de cada ser? Esse julgamento traz benefício a alguém? A propósito, algum julgamento, que não seja judicial, traz algum bem a alguém? Por que julgamos então? As lágrimas têm uma representação de sentimento e sensibilização, mas e quem não chora ou demonstra tristeza, sofre ou sente menos por isso?

E o sorriso, que possui a alegria como simbólico, não contrasta com o mecanismo de defesa, perante o nervosismo e o constrangimento? Ou, por vezes, representado numa hipocrisia, em que por critérios sociais de educação e bons costumes é exigida a representação do feliz e simpático?

Nossa prisão existencial é tão enfática, que não percebemos o quão limitados somos. Agimos e vivemos perante uma imposição hipnótica, desde a infância, que não nos permite ser naturais perante a vida. A lágrima, o sorriso, a raiva, o ódio e o amor deveriam ser sentimentos sagrados do próprio ser, forma de expressão, demonstração de sentimento natural, uma representação do nosso interior, e não uma agressão ao exterior, digna de punição, onde tal condenação, na verdade, expressa em cada ser a maior representação de morte, a morte do indivíduo em si.

Desde a infância, nunca vi a morte com a representatividade de algo negativo ou ruim, seja a forma que for, para mim, qualquer tipo de morte é só um motivo que a vida utiliza para expressar o seu ensinamento, que cabe a cada um, individualmente, e a meu ver, isso é divino, misericordioso e perfeito, como tudo que o Divino estabelece na terra.

Nunca vi a morte como algo ruim ou negativo, nunca vi motivo para lágrimas, por que isso me faria melhor ou pior do que os demais, que não se conformam com algo pertencente ao natural? A única tristeza que vejo perante a morte é a representação da saudade de algo que percebo como distante e irrevogável pela vida. Na realidade, o tabu da morte também está vinculado com o medo da perda, algo muito simbólico e facilmente associado ao inconsciente. A difícil aceitação da perda, seja da vida, seja objetal ou seja do simbólico. Estamos falando de apego. Algo que deixa o ser humano atônito, perante a possibilidade da perda de algo com muito apreço. Na verdade, a vida, algo tão exclamado, é o menor dos valores de apreço de um ser humano, certifica-se isso quando vemos alguém arriscar a própria vida por diversão e profundo prazer, mas que, porém, jamais arrisca um bem material de apreço.

Será que um ser humano desprendido da materialidade é temente à morte?

28. E A FELICIDADE, ONDE SE ENCONTRA?

Temo a vida ou a morte?

Temo a guerra ou a paz?

Percebo que a vida se assemelha à guerra, assim como a morte se assemelha à paz.

Por essa percepção, me dou conta do fatídico destino humano, desde seu primórdio de existência. Jung fala de inconsciente coletivo, nos mostra que possuímos crenças ancestrais, percebidas intuitivamente. Por essa perspectiva entendo essa semelhança que move o ser humano em direção à negatividade, ou seja, uma necessidade intrínseca de se estar ligado psiquicamente a doenças, desgraças, guerras, conflitos políticos, enfim, uma necessidade de se aproximar da vida, pois a morte, inconscientemente, representa a paz, o descanso eterno.

E como ninguém deseja a morte...

Dor e sofrimento são fantasias que auxiliam o ser humano a justificar suas escolhas abomináveis.

Por que não podemos apenas ser?

A principal questão da vida não está em ser, e sim no pertencer, pois quem pertence a algo está fatalmente preso a algo, a nossa verdadeira prisão. Buscamos sempre pertencer a um clã, uma tribo, uma sociedade ou um relacionamento. Essa necessidade de pertencimento poderia ser enquadrada no desejo de fugir do vazio, do nosso vazio existencial? Talvez.

A falácia da vida está quando sentimos que pertencemos a algo, sentimos a falsa sensação de segurança e completude. Seria bom se fosse verdade, mas nossa carência intrínseca faz com que não vejamos a realidade e caiamos nessa cilada. Há um momento na vida em que percebemos essa falácia e a angústia impiedosa se instala, como um castigo, que tortura e nos joga numa solidão profunda. Solidão que nem mesmo a família tem condição de suprir.

Vê-se isso constantemente, há um momento na vida em que percebemos essa catástrofe existencial e essa solidão se apresenta como um poço sem fundo que tende a nos sugar. Passamos a nos apoiar uns nos outros, cobramos e manipulamos atenção e afeto, por que e para o quê?

Vivemos uma vida sem sentido, buscamos algo sem razão de ser, por que e para o quê? Respostas ficam em branco e, quando são respondidas, não satisfazem a lógica da vida. Somos seres naturalmente livres e independentes, não fomos feitos para regras e condições, por isso adoecemos quando não aprendemos a lidar com elas. Porém, reconhecer essa tal liberdade é como reconhecer algo na escuridão. Não nos ensinaram a sermos livres, e sim condicionados. Quando realmente nos percebemos em estado de liberdade, de vida e de escolhas, sentimos medo, nos sentimos como malabaristas em corda bamba. Porém, quando aprendemos a ser, aprendemos a escolher e viver as nossas escolhas, nem que seja a da própria condição de um prisioneiro. Assim, não deixamos de ser livres, pois descobrimos que essa prisão é ilusória, as chaves são simbólicas, nos livramos da questão da condição, permitindo-nos sair e entrar quando quisermos. E isso se chama liberdade de espírito.

29. A FELICIDADE A UM PASSO DE SER ALCANÇADA, INFINITAMENTE A UM PASSO

Ser professor é ser aquele que o é de alma. Professores são anjos que trazem do céu a luz em forma de ensinamentos. Professores são guerreiros, são fortes e pacificadores. São guerreiros, pois travam diariamente uma luta contra as trevas resistentes da ignorância. São fortes, pois não desistem jamais, resistem e persistem perante a dificuldade que a carreira lhes impõe. São pacificadores, pois com a luz do conhecimento revelam o obscuro e a clareza, trazendo compreensão e paz. Professores são aqueles que dedicam uma vida a ensinar com amor, o amor de dar ao outro o que foi bom para si.

Que a magia da vida nunca perca sua força, dentro de cada alma.

Que o amor maior possa direcionar o ser de cada ser, no caminho do eu divino.

Que a luz resplandeça e reflita a bondade interior e possa expressar no universo a energia sutil. Que a luz do Divino possa ser vista e acessada sem a necessidade de ameaças e punições. Que todas as religiões tenham como meta a evolução humana, porém não através de uma mutação do ser, para se assemelhar ao divino, e sim uma busca da liberdade de se ser o que se é, na sua mais pura essência. Evoluir não é pacificar o instinto, mas sim assumir o próprio poder, independentemente dos conceitos preestabelecidos de certo e errado, dentro de uma convenção social. Evoluir é ter a liberdade de espírito de ser o que se é, é poder se reconhecer, bancar e assumir as próprias escolhas. É conquistar a liberdade e a maturidade de viver a própria vida. O guerreiro é tão abençoado e necessário quanto o sacerdote, cada um dentro de sua missão.

Deus vive dentro do eu, ame-se e o amarás, encontre-se e o encontrarás. Lembre-se, você é o ser mais importante deste Universo, sem você nada tem sentido de ser, sem você nem Deus tem razão de existir.

Não busque em mim uma mãe, para te carregar no colo, assim como não busco em você um pai para me dizer o que fazer. O ser humano nasce com o princípio da busca pela liberdade, em busca da evolução. E o que é mesmo evolução? Evolução é liberdade espiritual, liberdade existencial. Mas o que é liberdade? Liberdade não é libertinagem. Liberdade é ter a coragem de reconhecer seus desejos e assumir a responsabilidade em vivenciar as próprias escolhas, independentemente do conceito social que lhe foi imposto como verdade existencial.

Um ser verdadeiramente livre sabe exatamente distinguir o certo do errado, pois o conceito está dentro, e não fora. Por isso, quando não vivemos o direito à escolha das nossas verdades, não vivemos as experiências necessárias para nos trazer consciência de maturidade suficiente, que é o que nos dará percepção da distinção entre o certo e o errado, a falta dessa consciência tenderá a nos adoecer.

30. ROUXINOL DO MEU JARDIM

Por que cantas tão alegremente?

Não te importas com a minha dor?

Como te atreves a ficar em minha janela a cantar melodia tão doce?

Ora, rouxinol, belo rouxinol, és insensível, não percebes minha solidão, não respeitas a minha dor. Mas o que estou a dizer sobre ti, lindo pássaro?

És tu que acalentas a minha dor.

És tu que acalentas minha solidão.

És tu, e apenas tu, com teu belo canto, que és capaz de iluminar meu coração.

31. QUEM É O VERDADEIRO PALHAÇO DA MINHA ALMA?

Sentimentos ocultos, que buscam revelação. Você chega e me acusa de arrogante, me defendo, choro e nego. Ora, que palhaçada a sua, como ousa usar tal acusação contra mim? Que argumentos tem a me condenar? Explica e não convence, argumento e te desarmo, concluo minha inocência, claro! Porém, no canto escuro do meu ser, reflito com cuidado e presteza, levo os fatos à terapia, novamente concluo minha inocência, satisfaço meu egoísmo sutil. Volto ao canto escuro de minha alma, dialogo e reflito novamente. Ó acusação inútil, porque persegue minha consciência se nada devo, e volto à reflexão, novamente o assunto toca a terapia, sem aparente solução. E nova reflexão aponta no estreito do pensamento e questiono: sou psicanalista, de estudo profundo da alma e da mente, como posso não compreender o que está por trás da cortina empoeirada? E finalmente surge a esperada reflexão; sei que se me chamas de arrogante é porque vês em mim a própria arrogância, oculta do teu ser. Sinto-me aliviada, sim, claro, a arrogância é tua, não minha, esclarecido o caso.

Então surge a bendita dúvida...

Bem, se vês em mim uma arrogância que é a tua, pergunto: Como poderia você ver algo que é seu em mim, se não for meu? Conclusão complexa e angustiante; sim, a arrogância está em mim, não a vejo, não a sinto, mas está em mim... E o que fazer agora?

Ora, levar para terapia, olhar nos olhos da arrogância, que se traveste de humildade hipócrita do meu ser. Olhar nos olhos, reconhecer, compreender, dialogar, para só então usar com consciência a meu favor, e não mais, como de costume, contra mim, que há muito tenta destruir.

Heyokah é um palhaço que, diferentemente dos outros, possui grande sabedoria e leva seus ensinamentos ao povo, através dos risos e dos contrários. Esse Trickster Sagrado faz com que você pense por você mesmo e chegue às suas próprias conclusões, levando-o a questionar se aquilo que os outros dizem ou fazem é verdadeiramente correto. No momento em que as pessoas são levadas a pensar por conta própria, começam a colocar à prova as suas próprias crenças. Crenças vacilantes, pertencentes ao passado, que apoiadas em muletas passam a ser testadas. Se essas muletas não derem o apoio necessário e as pessoas caírem, terão aprendido mais uma lição de vida. Porém, se elas pararem para pensar, testarem algum ensinamento através da própria experiência e sentirem que esse ensinamento é verdadeiro, a crença vacilante transforma-se num Sistema de Conhecimento que poderá acompanhá-las pelo resto da vida. Todo Psicanalista é uma forma de Heyokah!

32. A VERDADE É LIBERTADORA

Terapia também é acesso ao direito de escolha. Um dos pontos fundamentais de uma terapia bem feita é proporcionar ao indivíduo uma boa noção de si mesmo. Essa noção dará ao ser o direito de escolha, independentemente do desejo inicial. Um princípio básico da existência é que, para receber ou alcançar algo, antes é preciso que se peça. Ora, como pode o ser pedir algo se não conhece seus desejos e vontades verdadeiros? É o que acontece, por ignorância de si mesmo, quando acreditamos desejar algo e quando alcançado vê-se esvaído o valor original, restando apenas aquela sensação de desânimo em relação ao futuro.

A palavra diz, "peça e receberás".

A vida segue, não espera e não volta atrás.

Dará ao ser o que for pedido, independentemente de certo ou errado. E o que não for pedido?

A vida dará, conforme a sua escolha. Na verdade, estamos sempre tentando mudar no outro o que não conseguimos mudar em nós mesmos.

A mentira e o engano são limitadores e opressivos. A confiança está ligada à liberdade. Se eu confio, eu liberto. Se eu liberto, vivo a verdade em sua essência. Se eu limito e oprimo, vivo numa ilusão interior do meu ser. Na verdade, o ser sempre busca a sua verdade mais profunda, mesmo que através da mentira. Na mentira vive-se no engano e no outro irá despejar toda a responsabilidade, pelo simples fato de ter-se recusado a ser o que se é. Na mentira, o ser irá oprimir, enganar, sufocar aquele que acredita ter as chaves de sua liberdade, as chaves de sua verdade. A fuga da verdade é a fuga de assumir a própria responsabilidade. A responsabilidade de se ser o que se é. Quando vivemos a verdade interior, vivemos na paz divina, pois nos libertamos das amarras ilusórias da vida, que representam nossa maior condenação espiritual. Não existem certos ou errados, o que existem são opiniões adversas e contrastes de verdades.

Por que terapia? Porque eu mereço!

Mereço me curar das minhas feridas. Mereço chorar e enterrar os meus defuntos.

Mereço resgatar a minha carência, reconhecer e compreender as minhas sombras. Mereço redescobrir um novo universo, o meu Universo. Mereço presentear-me com o medicamento dos deuses, o expressar-se, seja da forma que for. Mereço estar diante de alguém que, por amor à profissão, estudou e estuda continuamente, para dedicar seu tempo a ouvir e compreender outro ser humano. Mereço estar diante de alguém que realmente me ouve e mesmo que esteja equivocada ou errada não me julga, me entende e me ajuda a me entender.

O terapeuta não é pai ou mãe, não é um irmão, tio ou tia, mas sim um grande amigo. Porém, não se engane, não é e nunca será um amigo comum, pois ele é e sempre será o seu amigo de desabafo, o amigo da sua mais profunda verdade. Aquele para quem você poderá dizer coisas que não revelaria nem em pensamento, mas que são coisas que têm o poder do tormento silencioso, de dentro da alma. Aquele que está te esperando, não à toa ou por acaso, mas com hora marcada para te ouvir e cuidar das suas dores e mágoas mais profundas. Aquele que com uma palavra firme te sustentará no momento mais difícil de agonia e rirá também de suas estórias mais esdrúxulas, porém não menos importantes na vida de um ser.

Sim, eu mereço fazer terapia, e como mereço.

Terapia não é só tratamento psíquico, para loucos ou neuróticos, como dizem.

O tratamento psicanalítico é, primeiramente, uma terapia que visa tratar bloqueios, traumas, fobias, somatizações, como depressões, ansiedades, angústias etc. Além de outros tipos de desequilíbrios psíquicos, como a esquizofrenia. Porém, a terapia psicanalítica está longe de ser só isso, pois ela aborda conteúdo do inconsciente, possibilitando trazer informações para a devida compreensão de si e para que o consciente possa ressignificar conceito e crenças preestabelecidos. Obtém-se assim o poder da dissociação das questões energéticas, que por inconsciência, como já é amplamente estudado, se torna o fator predominante de travas na vida do ser humano. Portanto, Terapia Psicanalítica é mais que um tratamento, é a melhor forma de se adquirir um conhecimento que você não encontrará em livro algum, por toda a vida.

"Só sei que nada sei", Sócrates. Frase eternizada nos confins do universo filosófico. Penso que talvez o real valor dessa frase nunca tenha sido literalmente entendido. De sábio a arrogante, de virtuoso a ignorante, ele foi chamado. Mas todo aquele que se apresentar humilde e portador da mais profunda sabedoria assim também é considerado. Vivemos num mundo que não muda, em que mestres e sábios, puros de coração, são julgados, crucificados, exterminados, pelo bem da nação. E os Barrabás absolvidos, é o mundo das inversões.

Só sei que nada sei? Aqui está o enigma milenar, que por acaso não foi criação de Sócrates, e sim dos que o antecederam. Só sei que nada sei. Sabe-se o que não se sabe, e essa é a verdadeira sabedoria, está no interior de cada ser, e não fora, a verdade absoluta está internalizada no indivíduo. É particular e é verdadeira, enquanto não encontrar a verdade fora que supere a interior. Essa verdade se encontra nos povos indígenas, que ignorantes de qualquer intelectualidade que se preze, possuem profunda sabedoria sobre as coisas da natureza. O ser só compreenderá e entenderá essa verdade quando se despir da arrogância do pensar saber, pensar conhecer, pensar dominar. Humildade não é ignorância e nem pobreza, humildade é respeito e amor à verdade de cada ser, onde cada indivíduo pode ser o mestre de sua verdade, sem ofensa, agressão ou conflito.

33. CONSCIÊNCIA DO INCÔMODO

Quem adoece incomoda. Quem enlouquece incomoda.

Num universo utilitário, precisamos ser úteis. Aquele que não cumpre a devida utilidade se torna um peso para aquele que espera resultados.

Quem pensa também incomoda. Quem fala também incomoda. Pensar e falar incomoda, pois põe em risco o valor da utilidade, de conceitos fantasiosos, preestabelecidos, de si e do outro.

Quem ama incomoda. Quem odeia incomoda. Pois põe em risco valores emocionais, há muito congelados, trazendo à tona sentimentos de conflitos internos, à mercê de uma claridade, de — também — ideias antes preestabelecidas.

Quem vive incomoda, quem morre também incomoda, pois traz ao outro a realidade de ambas as polaridades, fator primordial da experiência, sofridas, vividas ou a serem vividas, de uma realidade de fatalidades humanas.

Mas quando olho para as estrelas percebo o firmamento, obscuro e sombrio, salvo por pontos de luz, que trazem à minha consciência uma esperança de reencontro com o incógnito. Fixo meu olhar, em busca de algo que está oculto, mas que deseja ser revelado. Há de ser desejado, caso contrário meu olhar se perderá no tempo-espaço desse firmamento sem fim. É preciso fixar o olhar com profundidade, focar com a devida atenção, não permitir que a constelação, com toda a sua sedução e formosura, crie a ilusão do real. É preciso fixar o olhar, olhar profundo, desfocar da aparente beleza. Sair do presente ato, para adentrar a fenda do imaginário. Quando o cerne se faz aparente. Quando o absurdo originário e doentio perde a sua força, surge o improvável, o espetacular, a verdadeira estrela, a enigmática, aquela que ofusca as demais, pois é a estrela resplandecente. A verdadeira estrela, a estrela primária da constelação.

34. SOBRE A PAIXÃO X AMOR

Como uma paixão, abandone a paixão, a paixão é ilusória, nociva ao ser humano, pois é egoísta, excêntrica, tende à cegueira, aprisiona e é idólatra. Se puder amar, só ame, o amor é amigo, simplista, caridoso e cuidadoso. É leve e respeitoso, pois respeita a verdade interior de cada ser, valoriza o cuidar e a liberdade, não tem posse ou julgamento, não tem crença ou conceitos preestabelecidos, tem a espera como uma arte, a arte do artista que apenas ama sua obra, independentemente do "achômetro" alheio.

Para mim, isso é o amor, isso é a verdadeira representação da arte de amar. É o sentimento mais difícil de alcançar, porém quando acessado é libertador de qualquer amarra, nem o aço mais resistente é capaz de reter o poder desse bem-querer.

35. TERAPEUTA — UM OLHAR DE ÁGUIA

O Psicanalista deve ter a visão e a perspicácia de uma águia. Captar a questão e alçar voo, visualizar o horizonte com amplitude e só retornar quando obtiver uma boa percepção, de todas as possibilidades questionadas.

A Águia, do alto, percebe uma tartaruga (questão terapêutica), desce, apanha em seu bico uma pedra (a questão da análise), alça voo novamente e aguarda o ângulo correto para agir (tempo terapêutico da questão). Quando estiver (terapeuta) com seus sentidos bem ampliados, mira e atira a pedra (problematiza), para quebrar o casco da tartaruga (resistência) e acessar o objetivo, captura da presa (consciência e ressignificação).

O mundo exterior é tentador e excitante. Mas há um momento na vida, de todo ser, em que é preciso retornar para o lar. Apresenta-se o necessário de se interiorizar, acessar, reconhecer, apaziguar. Chega o momento de cada ser, o momento de se ver nu e cru, como foi concebido em integridade e verdade. Dor e sofrimento apenas mostram o caminho do retorno, a ser acessado pela sensibilidade e perspicácia de quem o sente.

Não se ausente de si mesmo. Preste atenção, acorde, transmude. Você é exatamente o meio em que vive. Se ele te incomoda, observe o incômodo, dentro de si, para si e consigo. Aceite e transforme o incômodo em valor potencial.

Quem me dera um desejo ser só um desejo. Uma palavra ser só uma palavra. Um ato é só um ato. Quem me dera esquecer o que lembrei. Me ausentar do que sei. Esquecer do que esqueci e lembrar do que nunca lembrei. Quem me dera renascer para o novo. Para o inédito, para o imprevisto. Sem olhar para trás, para o vazio em devaneio. Sem capturar em minha alma imagens vazias, quem me dera amar Che Guevara e aprender sua filosofia de amor. "Hei de endurecer, porém jamais perder a ternura, jamais..."

36. A PALAVRA QUE SE CONDENA

Minha mente pulsa, tem vida. Minha Alma vibra, tem luz. Porém, quando a alma quer falar, a mente faz calar e domina o verbo, por medo de se revelar.

Verbo belo, verbo erudito, busca mensagens disfarçadas em verdades metafóricas, que nem verdades são, apenas são verdades que revelam a integridade dentro da inverdade de uma verdade.

São Palavras que soam ao vento, sem maldade, mas que envolvem o ser distraído. Quer respostas, quer a busca do saber e se conflita dentro do turbilhão de signos e inversões, representações perigosas.

Palavras vão, palavras voltam, palavras envolvem, palavras desvelam verdades ocultas, verdades inaceitáveis. Verdades que quando percebidas e reconhecidas retornam com ódio contra aquele que se atreveu a desvendá-las.

Quanta força tem a palavra, simples palavra, inocente palavra. Frases soltas, frases perdidas, inocentes frases, não se dão conta do conteúdo que carregam, e aquele que se atreve a perceber estará condenado ao silêncio, caso deseje a absolvição da alma atormentada, pelo desvelar de um passado que não deseja se calar.

No entanto, os olhos são a expressão da alma. Através deles, sem a existência da palavra é possível perceber o estado de espírito de um ser. Tanto o sorriso como a seriedade de uma face são incapazes de ofuscar o verdadeiro sentimento de um olhar.

A fantasia é o mecanismo de defesa mais bem elaborado que a mente humana desenvolveu para sobreviver neste mundo insano, é a forma mais reveladora de se enganar a mente para a alma falar, o problema é quando a mente acaba por acreditar que a fantasia é real, pondo em risco a alma quando se depara com a verdade verdadeira do real.

A vida é feita de sonhos e é assim que deve ser. Quem parar de sonhar tende a perecer. Porém, o sonho de alguém não pode ser vivido através do sonho do outro, isso é inatural. Quando nossos sonhos são frustrados por medo ou rejeição, tendemos a adotar o sonho de outrem, no afã de fantasiar a realização do nosso sonho perdido e esquecido.

Daí a sensação de que a satisfação nunca se realiza. Podemos realizar grandes feitos, grandes sonhos, sonhos cobiçados, mas algo nos falta, algo fica perdido no ar, algo que continuamos a buscar em outros horizontes, na esperança de alcançar a doce realização, a felicidade.

Sensação de cansaço e frustração se apresenta, como se tudo fosse em vão, como se todos os desejos realizados fossem um eterno vazio. Uma eterna perda de tempo, pois o resultado é um só, sensação de incompletude. Um sonho é um sonho de alguém que sonhou, seja no bem ou no mal; é apenas um sonho. Seja um sonho banal ou perpétuo, edificante ou destruidor, é apenas um sonho de alguém que sonhou realizar seu sonho. E, por este pertencer a alguém, só por esse alguém pode ser vivido ou realizado.

Aquele que entra ou se apodera de um sonho tende a beber o fel do sentimento de desilusão e fracasso, pelo desdém e abandono do próprio sonho.

37. SOLIDÃO, O IMPLACÁVEL

Representada como o maior infortúnio de um ser humano, mas por quê?

Por que estar só consigo mesmo é tão perigoso, normalmente comparado a uma maldição?

A vida segue, não reserva e não espera. Com ela vive-se lado a lado à solidão. Assim como a sombra de todo ser, ela está sempre presente, por mais que se fuja dela.

Porém, sua presença independe do estar só; como uma assombração, a solidão pode estar presente na multidão, no meio familiar, entre amigos ou num duradouro relacionamento. O ser percebe isso, por isso se esconde do temor, buscando relacionamentos inadequados, até mesmo infelizes. Se autoflagela, se desrespeita, tudo em prol de uma fuga ilusória, pois a solidão continua ali.

Portanto, o que percebo, não podemos atravessar um rio de piranhas a nado, ignorando sua presença e o risco iminente que ela representa, sendo este o único caminho que separa nossa zona de conforto de uma vida melhor. É preciso olhar de frente, se familiarizar com a solidão, aprender sobre ela, para só então fazer a travessia que a vida propõe a todo ser, vivenciá-la desde o nascimento. A maior verdade da vida, nasce-se só, vive-se só e morre-se só. Então, há como se fugir dela?

38. VIDA E MORTE, UM DILEMA DA HUMANIDADE?

Ano difícil, acredito que não só para mim, mas para todo mundo. Porém agradeço por cada dia deste ano, agradeço a oportunidade de presenciar e vivenciar cada dificuldade, cada desilusão e tristeza, sabendo que elas não vieram só, pois também tive muitas alegrias, superações e vitórias, de vida e de Alma.

Agradeço por este ano que está se findando, com o coração e mente abertos para receber o ano vindouro. Que venha próspero e íntegro, não só de felicidade, saúde e paz, mas com toda a sua magia de vida e de aprendizado, que venha com todo o seu poder de vida e morte, que são a essência da natureza como um todo. Que venha com muita luz, desejos, amor e paixão, a todos os meus queridos.

Que esses quatro fatores possam permitir ao ser acessar e superar cada dificuldade e com isso conquistar a maior dádiva da vida, que é vivenciar e compreender o sentido da morte, vivida a cada dia.

A vida e a morte são duas realidades que se confrontam e se completam. A vida é o conhecimento em formação constante. É o estar alerta no desafio de um aprendizado importante, a aceitação do porvir. Seja no sofrimento, seja na satisfação e prazer que a vida impõe. A grande oportunidade da ressignificação, lidar com as dádivas da vida, o eterno retorno, não é nada fácil.

Aceitar a dor e o sofrimento já vivido, como se fosse a primeira vez. Aceitar a recompensa de recomeçar, de forma branda e concisa. Aceitar a oportunidade de rever o trauma e superá-lo com alegria. Uma missão difícil que a vida nos impõe.

A morte? Outra dádiva incompreendida e muito temida. Também traz o recomeço, a oportunidade do eterno retorno. A oportunidade da vivência e restabelecimento do real, noção errônea de finito. A aceitação do inegável retorno ao eu e toda a responsabilidade que se impõe.

Dádiva divina, e não castigo como é determinado por muitos. Vida e morte bailam numa circular de emoções, fantasias e verdades interiores. Como num baile de máscaras, se encontram e se desconhecem, buscam na ressignificação algo que traga o clamor da compreensão. Verdades que jamais serão alcançadas com o poder da razão e que irão eternizar no infinito conhecedor de cada alma.

39. QUAL O SENTIDO DA VIDA?

Muitos questionam, poucos respondem.

Para mim essa não é a questão, pois não vejo sentido na vida, e sim na morte, que é o fim último de todo ser. Para minha compreensão, a questão é:

Qual o sentido da espiritualidade na vida?

Pois essa é a influência mais antiga da experiência humana. Muitos morreram e muitos deixaram de viver em prol de uma incumbência imposta, tudo em nome do divino.

Do povo mais culto ao mais nativo, do mais espiritualizado ao mais materialista, a incógnita permanece e criaturas lutam por uma verdade inexistente, pois a cada um pertence a verdade espiritual.

Se Deus existe e é um só, por que tantas religiões, tantas vertentes espirituais, por que a tamanha necessidade de se provar a existência de algo que já sentimos e sabemos intimamente? Será essa uma necessidade íntima de pertencimento?

Porém, a incógnita permanece. O ser tem plena consciência do divino, e o que vejo? Espertos controlando a massa através do campo espiritual, o que ocorre desde os primórdios da humanidade, impondo o medo como forma de manipulação e controle.

Certo ou errado? Quem sabe, mas algo me causa equívoco. Por que depois de tanto conhecimento, tantas verdades espirituais, tantos exemplos de vida e de morte, ainda precisamos de proteção, de seres que nem sabemos direito quem são?

Acreditar é preciso, confiar é necessário e seguimos como cegos, que é o que somos na vida, pois sentimos, intuímos, mas nada reconhecemos ou lembramos, apenas acreditamos e nos deixamos conduzir, porque precisamos de condução, de direcionamento. Por que precisamos de proteção mesmo?

Dizem que é da negatividade, que influencia nosso planeta. Então, se a negatividade existe e, como dizem, somos nós que a produzimos, buscamos proteção espiritual para nos proteger de nós mesmos? Caracas, que dramalhão é o sentido da vida.

40. O ENIGMA DO MEIO

Nem tão branco, nem tão preto.

Nem tão sincero, nem tão falso.

Nem tão honesto, nem tão mentiroso.

Nem tão carinhoso, nem tão seco.

Nem tão puritano, nem tão vagabundo.

Nem tão feliz, nem tão triste.

Nem tão santo, nem tão demoníaco.

O meio existe em todas as polaridades e representa o equilíbrio.

Portanto, a meu ver, neste mundo eu sou tudo e não sou nada. Isso é ser um ser humano imperfeito e constante, há de se passar por todas as polaridades.

Rejeitar qualquer uma delas é se rejeitar. É rejeitar a possibilidade de vivenciar a escolha. A perfeição não está em excluir uma das polaridades, está em aceitar ambas em si, está em tirá-las da sombra e aprender com elas. Entre o branco e o preto existe o cinza, em diversas tonalidades, que em pleno equilíbrio é tão belo quanto suas origens.

E, por essa origem humana, podemos mencionar um desequilíbrio natural devido à constante tendência polar. Sendo assim, fica fácil compreender a tal chamada hipocrisia humana, por não se compreender o tal desequilíbrio.

Por essa percepção, estou convencida de que somos um aglomerado de hipócritas. A questão para mim agora é, em que tipo de hipocrisia se vive? Vou catalogar, um trabalho a ser feito.

Se o universo é um espelho e estou vendo no outro tanta hipocrisia, a princípio preciso aceitar e reconhecer minha própria hipocrisia, observar e catalogar a hipocrisia alheia, para só então reconhecê-las novamente em mim.

Como o gelo que congela e o fogo que liberta, ambas são produzidas por muita dor. No entanto, só uma pode libertar a outra, para obter a sensação amena, que pode levar ao alívio do equilíbrio momentâneo. Momentâneo, sim, pois a essência de cada um é de voltar ao seu lugar, para produção da energia necessária para nova restauração.

"A hipocrisia disfarçada de todos os relacionamentos era a maior causa de sua angústia indescritível. Ela tinha um nojo da dualidade de intenções dos seres humanos que ora amam, ora usam, e preferia a clareza da sacanagem e a certeza do vazio. [...] Quando o amor é falso, a mágoa é tão grande que você o trai amando justamente a falta dele." (Tati Bernardi)

41. A VIDA EM UM CONGELAMENTO EXISTENCIAL

Como percebo? A vida se equipara a uma guerra, cada dia um desafio. A vida é constituída de pequenas e grandes batalhas, que variam conforme o nosso inconformismo com o fluxo proposto e existente.

Por vezes nos encontramos em valas profundas, são angústias que nos conflitam, se equiparam a trincheiras de uma guerra cruel e que castiga, aparentemente injusta aos olhos descontentes.

Mas são trincheiras benditas, trincheiras que nos permitem o resguardo de alma, a proteção divina, que nos permitem vislumbrar a vida paralisada pelo medo. É preciso analisar e encontrar a arma necessária para um confronto ou uma fuga segura.

Na vida, a guerra tem como objetivo nos tirar da zona de conforto, da cegueira existencial, ciladas em que normalmente caímos, por acharmos serem lugares seguros.

Por medo, resistimos a cumprir a lição do fluxo da vida, que constantemente nos cobra atitude e decisão com o intuito de nos tirar do estado de congelamento existencial em que constantemente nos colocamos.

Quando aceitamos o que sentimos, o sentimento se transforma em movimento. Quando negamos, se transforma em sombras da Alma, congelamento existencial.

42. CIÚMES, CONSEQUÊNCIA DO AMOR, POSSE OU PURA FANTASIA?

Desde os primórdios da humanidade, o mundo é constituído de provas e provações. Gastam-se energias infindáveis nessas questões, domina-se e se é dominado, tentando provar algo a outro alguém. Porém, tudo que se tenta provar pelo simples fato de ser uma tentativa já o faz improvável, a única questão humana e a mais difícil é justamente o não aceitar , que faz jus à principal questão da fantasia do amor.

A princípio pensamos achar um tesouro na vida e ficamos encantados, após o encantamento vem a fantasia, do reconhecimento de valor como universal e por consequência a autodesvalorização, o medo da perda. É o início dos conflitos em relacionamentos, onde a admiração e o desejo passam a imperar na dualidade, entre o amor e o ódio impassível, e a ocorrer seu mais poderoso conflito de um drama amoroso, talvez seja justamente por já se ter a vivência no inconsciente.

O amor verdadeiro sofre com o egoísmo, mas liberta, o bem-querer não reside na posse ou no domínio; caso contrário, não é bem-querer, é puro ego!

A dor dói, mas liberta. Enquanto o medo mutila, aprisiona e escraviza. Diante dos problemas, a dor é uma bênção. A frustração é bálsamo para aquele que não sabe o que é a luz; por que escolher o medo, sendo que aprendemos desde criança que o remédio que arde também é o que cura? O alimento amargo não é o que melhor faz bem à saúde?

Fugir da dor é se esconder do inevitável e protelar a única verdade existencial. A ferida que se abre só se fecha após uma grande ardência, independentemente do método de cura que se escolhe. Escolher o aprisionamento do outro a fim de se evitar a própria dor é o erro que o ser humano comete contra si mesmo, pois os resultados são sempre nefastos.

Ser escravo e responder ao seu senhor, aceitar o açoite com resignação e humildade. É!!! Assumir o cárcere é mais fácil do que assumir a responsabilidade da liberdade.

Em cárcere alguém é culpado pela sua vida infeliz; no entanto, em liberdade somos responsáveis pelas nossas escolhas.

Porém, se na liberdade podemos nos perder e nos enlamear, é por ela mesma que podemos compreender a verdadeira construção de um sólido caminhar. Tão sólido que passamos a ter o direito de escolha, por qual caminho desejamos retornar, independentemente de credo ou julgamento. E para isso não existe gratificação no mundo que pague a satisfação de ser dono do próprio destino.

43. A VIDA SEGUE COM TODA A SUA MAGIA

E eu a driblando vou, que teimosia.
Na doce ilusão de poder mudar a vida.
Minha ingenuidade, ela é vaidosa, decidida.
Ajo com razão e manipulo com intenção.
Penso, conquisto, mudo o foco, tudo em vão.
Sabedoria limitada, pouca visão.
Difícil perceber-se, difícil se entregar.
Na delicadeza da vida, vou me encontrando.
Na sua sutileza, vou me entregando.
Soltando as rédeas, seguindo a brisa fria.
Doce e singela, como o alvorecer do dia.
Sigo então o que acredito ser meu destino.
Amar, trabalhar e alçar voo mais alto.
Sem pensar na direção, não conduzo mais.

Sem apoio da razão, me debruço na paz.
Ciente de que algo maior me direcionará.

Vou no tormento do gigante Mumm-Ra.
Buscar sentido para a vida, do bem e do mal.
Buscar minha pedra filosofal, o meu cristal.

44. A ACEITAÇÃO DE SI

É ciente que, tanto na constituição física e psíquica como espiritual, o ser é formado através de um fenômeno de condensação de inúmeras partes. E sendo verdade que temos partes de tudo que existe no universo, inclusive a constituição psíquica do outro em si, o outro neurótico, perverso, psicótico, esquizofrênico, paranoico, mau-caráter e bom também, justo e injusto, enfim. Por sermos constituídos de tudo e todos, e sermos parte desse todo, faço a seguinte pergunta aos desavisados: Por que julgo?

Que minhas partes se apresentem para que eu possa em seus olhos fixar os meus e frente a frente encará-las, mas não como algo a ser corrigido ou mudado, e sim para apenas receber, compreender e amá-las. Pois, somente após o total reconhecimento e aceitação dessas partes em si, é que o ser poderá aceitar o outro como se apresenta, independentemente desse outro estar ou não fora de sua constituição originária.

Um dia os homens se viram nus, uma nudez física, mental e espiritual.

Seguiram seus dias na terra à deriva. Buscavam guias que lhes mostrassem caminhos e verdades, que os tirassem da condição animalesca do ser.

Surgiram muitos guias espirituais, filósofos, profetas e sábios. Entre eles dominadores e escravagistas de almas inocentes. Surgiu então um messias, que por suas palavras, assim como os demais sábios, foi condenado e banido, pelo simples fato da não aceitação de um caminho mais verdadeiro. A humanidade acabou na escuridão, seguindo o caminho mais seguro, o da escravidão.

Brincamos de viver a vida entre a fantasia e o real, e não decidimos o que queremos. Porém, através de muita dor e sofrimento, a evolução humana segue, não lhe é dado o poder de frear seu curso. O tempo se esgota, as fogueiras foram banidas, a brincadeira está findando e o ser humano há de escolher seu lado, pois ele não está mais nu e não é mais inocente, conhece os caminhos e precisa trilhá-los.

Como um ser crescido não precisa mais de guias ou dogmas, a experiência de vidas já lhe deu sustentação para se independer, bancar suas escolhas e caminhar sozinho. Seja pastor, reverendo e mestre de si mesmo.

O poder da escolha de caminhos errados é o que nos engrandece no conhecimento do discernimento do próprio caminho, como certo ou errado, onde o princípio do aprendizado está justamente no erro, e está em ter a liberdade e a maturidade de se reconhecer, no conceito do errado, assumir e finalmente poder bancar as consequências das próprias escolhas, ter a liberdade de se ser quem se é!

A religião é abençoada para mostrar a direção, como meio de proporcionar uma relação com o transcendente, mas a religiosidade pertence ao indivíduo, como expressão de amor ao divino, sentimentos religiosos, que habitam em si.

45. O DOM DA PALAVRA!

Palavra falada, palavra escrita.

Palavra pensada, palavra expressada.

Palavra dita, palavra esculpida.

Palavra cuspida, és apenas uma palavra.

Ai, a palavra, quanta força existe em uma palavra.

Uma simples palavra, quanta ira provoca.

Mas o que é a palavra, senão a expressão de uma ideia?

Expressão do pensar, do sentir.

Essa vilã cruel que tira suspiros, mas que também provoca ira e morte.

Capaz de aliviar ou atormentar o mais tranquilo dos mortais.

Por que você tem tanta força? Quem te deu esse poder?

Palavra audaciosa, atrevida e perigosa.

De ti nasceu o mundo, por ti condenou-se a vida.

Condenou-se a alma enternecida.

Deixando-a adormecer num profundo mar de angústias e inverdades.

Palavra que me condena, que me absorve, mas que também é a mesma que me liberta. Palavra que me tira das trevas e me arremessa à luz.

Ó palavra querida, palavra doce, como podes ter tanta força e provocar tamanha desavença?

Quando poderei de ti ser absolvida, de suas angústias vis e sombrias e por ti poder voltar a ser eu, apenas eu? Somente eu!

46. DIVERSIDADE SEXUAL E IDENTIDADE DE GÊNERO. DESTRUIÇÃO OU EVOLUÇÃO DA HUMANIDADE?

Homossexualidade, bissexualidade, transexualidade, transgênero etc. É algo crescente e inevitável, a sociedade heteronormativa está acuada e reagindo com agressividade, alegando doença e imoralidade, como consequência a extinção humana, será possível?

Ou será que essa sociedade patriarcal, que dominou e submeteu a todos, por séculos, à sua força bruta, injusta e insana, agora está com temor de perder totalmente o seu poder? É certo que seu domínio sempre teve como base a contenção da sexualidade e, por muitas vezes, controle humano através da prisão sexual de um indivíduo, seja por moral ou bons costumes.

Então, será que essa humanidade será extinta por conta da homossexualidade? Com certeza não, acredito que o ser passará a ser mais verdadeiro, sensível e humano, e as relações, mais igualitárias. Vivemos numa era em que a força perdeu seu valor, o macho alfa está em baixa e o amor verdadeiro está em alta.

O amor, que reside na sensibilidade e inteligência, está crescendo e dominando a humanidade. Donald W. Winnicott, pediatra e psicanalista, dizia que um casal que se propõe a ter filhos, antes deveria se educar e se programar para isso, pois o ato de pôr uma criança no mundo e educá-la é quase como uma arte, não é para qualquer um.

Se a humanidade entender o respeito necessário à diversidade na sexualidade humana, irá respeitar a maternidade, ou seja, dois seres que se amam, independentemente do sexo, se unirão para procriação, por talento e amor, e não por acidente ou obrigação social, como ainda ocorre nos dias de hoje.

Duas ou mais pessoas que se unem, para construir uma família, precisam ser respeitadas, independentemente de sua sexualidade, pois são apenas seres humanos com sonhos e desejos por um bem maior, que é o amor, e para mim isso é a maior prova da evolução humana, como ser vivente no planeta Terra.

47. TRAUMAS E UMA ALMA SENSÍVEL

Gosto de comparar a terapia a uma ferida aberta e infeccionada. A princípio ocorre o trauma físico; conforme a sensibilidade da pele, pode ocorrer uma ruptura, às vezes após a repetição do trauma, e como consequência escorre o sangue rubro e quente.

Por ser um trauma e ter o local dolorido, não queremos tocar na ferida, desejamos esquecê-la, porém ela está lá e, como passamos a fingir que ela não existe, fica sem cuidados. Como tudo na natureza que está ferido, tende à infecção e à putrefação.

O analista é o médico que durante uma consulta observa a queixa, mas não vê nada, pois no local existe uma camada de pele protegendo a infecção, com uma textura tão grossa que dá a aparência de sinal de nascença, algo que sempre esteve ali.

Numa profunda análise, o terapeuta descobre que aquela marca não é de nascença, porém a própria pessoa desconhece a origem. Daí em diante começa-se uma investigação dos fatos. Descobre-se a crosta, ela é cuidadosamente arrancada, vem a dor e o alívio.

Após algumas sessões, retorna-se à ferida, sem a crosta, percebe-se agora a infecção, a verdadeira causa de tamanha dor. Porém, para se obter a cura, agora é preciso limpar e deixar sangrar o suficiente para que não exista mais infecção no ferimento.

Novamente, um processo doloroso, mas que traz a sensação de alívio. É o processo do reconhecimento do efeito infeccioso, da dor, do trauma, da causa e principalmente da necessidade de se observar, buscar outras cicatrizes, que aparentemente estão curadas, expurgar o que está impuro e se livrar de futuros sofrimentos e doenças, pela negligência do amar-se, por medo de se reviver a dor.

Para que terapia? Revelar potencial. Assumir poder e executá--lo na vida.

48. O AMOR É PESSOAL E INDIVIDUAL

Não necessita ser correspondido, só precisa amar, nada mais. O amor que pede ser amado não é amor, é carência, é necessidade de troca, de pagamento, pelo amor dispensado.

O amor que sofre por ciúmes não é amor, é controle disfarçado em nome do amor, é uma falácia. Amor que é amor não sofre, não cobra, se doa por amor, é de graça e espontâneo, não há jogo ou intenção. Amor que é amor respeita a liberdade e o limite do amor do outro, porque é genuíno e não precisa de aceitação ou submissão. Amor é isso, é divino, é rico e único. É fácil de se reconhecer, difícil de se vivenciar.

49. A FALSIDADE DA VIDA

A vida é feita de fantasias mentais, cristalizadas. Cada um cria a sua, em relação a si e ao outro. O conflito inicia quando a realidade bate à porta, mostrando a divergência de verdades, que resiste em se enxergar e se confrontar com a verdade mentirosa da fantasia de si e do outro.

Se revoltar, falar mal e criticar a maldade alheia é fácil. Quero ver reconhecer e lidar com a própria maldade, olhando nos olhos, sem se vitimizar ou fantasiar. Deus não nos deu vida para servir aos outros.

Deus nos deu vida para viver experiências que nos ensinem a nos cuidar, nos servir e então adquirir a capacidade de servir aos outros, por amor, e não por obrigação. Ame-se, cuide-se, para adquirir a arte da sabedoria de saber amar, com a pura e verdadeira essência da palavra "amor".

Todo ser vivente tem o direito de se autodestruir, ao seu bel-prazer. Ninguém tem o poder de interferir em uma escolha pessoal, nem mesmo o divino o fará. Porém, haverá sempre uma mão estendida, à espera apenas de um olhar.

Confiar é poder. Acreditar é necessário. Mas o ato é uma escolha.

50. SÍNDROME DO PÂNICO

Por que desenvolvemos síndromes e pânico?

Por que de repente passamos a ter medo de altura, de velocidade, de multidão ou do próprio ser humano? Talvez por que tudo possui uma relação íntima com a morte?

Certamente acredito que é mais fácil a escolha de se sair desta vida do que se manter nela e o desejo é muito perigoso, causando um medo de si tão tamanho que paralisa.

A questão é: que desespero oculto da alma é esse, que vem causando o desejo de se sair da vida e se aventurar na escuridão incerta que é a morte?

51. COVARDIA MENTAL

Sempre que a força bruta e a ignorância superam a razão, o inevitável é que acabe em uma discussão sem fundamentos, pois ali não se agregará mais nada aproveitável a qualquer nível cognitivo e os seres envolvidos estarão sujeitos a um Idiotismo emocional.

52. O BELO X INTELIGÊNCIA

É mais vantajoso ser belo do que inteligente. O belo agrada os olhos, enquanto o inteligente irrita os ignorantes.

53. CULPA

Liberte-se da culpa e se libertará de seus medos.

Liberte-se dos seus medos e se libertará de suas travas.

Liberte-se das suas travas e descobrirás quem realmente és, podendo finalmente viver integralmente o seu ser.

54. POLÍTICA BURRA É A NOSSA POLÍTICA DA IGNORÂNCIA

Acreditar que um povo ignorante do saber é sinônimo de um povo a ser dominado. Um povo criado para não pensar é um povo incapaz e sem grandes perspectivas de desenvolvimento intelectual e social.

O que vivemos hoje na política brasileira é o resultado dessa política burra da educação, que vigora há décadas em nosso país. Os nossos políticos de hoje são fruto dessa educação, pois foram as crianças do passado. É preciso mudar essa mentalidade no nosso país, para só então se construir uma nação mais justa e equilibrada, através da educação.

55. CERTO OU ERRADO?

A meu ver, esse conceito é muito relativo de avaliação. O certo ou errado de uma questão deveria estar sustentado na intenção do bem ou do mal em si mesmo, para consigo ou com o outro, e não com base moral de um ou de mais seres. A ética e a moral de qualquer nação têm por objetivo organizar e valorizar o meio em que se vive, numa comunidade de seres sociáveis. O que vai além disso é abusivo e intransigente à liberdade humana, quase como um crime.

56. SEGUIR A MANADA

Andando de metrô, desci na Praça da Sé, rumo ao meu destino; quando percebi, estava seguindo no sentido errado; voltei na hora, criei a maior muvuca, foi um caos na escada rolante. Me fiz a seguinte pergunta: Quanto tempo faz que sigo a manada, sem me perceber ou me questionar se está certo ou errado?

Como psicanalista, já me situei no tempo/espaço da minha existência e do meu eu, como ser que sou, mas com essa indagação percebi que ainda sigo a manada. Se observar, se conhecer e reconhecer é o que fará a diferença entre estar ou ser, ou seja, assumir o seu poder e sair da escuridão que é a fantasia do que se acha que se é.

57. O MAL IMANTADO

A maldade é uma característica pura e genuína da raça humana. Quando ela se apresenta ou é negada ou disfarçada, como mecanismo de defesa, o inconsciente vai em busca de um responsável.

Devido à maldade ser inaceitável, socialmente e religiosamente, o ser vai provocar e/ou buscar culpas e culpados, para justificar o desejo maldoso, inerente do próprio ser. O mau necessita ser percebido e reconhecido para se evitar o mal.

58. SEJA PASTOR, REVERENDO E MESTRE DE SI MESMO

Liberte-se da sua religiosidade, você é deus, um pequeno deus em estado imperfeito a caminho da perfeição. Como um pequeno deus, que já saiu da infância primária, não precisa mais de cartilha para indicar o que estudar. A religiosidade infantiliza o ser, enquanto Deus o amadurece. Deus é livre-arbítrio, portanto mostra que é a liberdade que nos dá o verdadeiro prazer de ser-se em si. Que o poder da escolha de caminhos errados é o que nos engrandece no conhecimento do discernimento do próprio caminho, como certo ou errado.

59. RELIGIOSIDADE. QUESTÃO DE ALMA

Filha de ateu, sobrinha de beata. Uma questão religiosa que me faz pensar.

A humanidade foi aprisionada em concepções religiosas, interpretadas e impostas, segundo a argumentação de uma vontade divina.

Me questiono há longos tempos, o que nos leva a permitir o controle religioso, através de verdades duvidosas? Ou será que nós nos deixamos controlar, aceitando toda a fantasia que nos é apresentada, pela simples consciência natural de uma maldade intrínseca humana?

A principal questão para mim é: O que a humanidade busca e sempre buscou ao longo da história, desde lideranças tiranas a bons samaritanos? Não seria a felicidade e completude de alma?

Ao meu perceber, não precisamos fugir de nossa essência sombria, agressiva e doentia. Não precisamos buscar verdades externas, irreais e fantasiosas, para justificar e nos defender do que intimamente já sabemos.

Ao meu perceber, temos dentro da alma a maldade e a bondade, a feiura e a beleza, o rancor e o amor; enfim, se a busca humana é a paz, felicidade, evolução espiritual, faz-se necessário antes a busca interior, se encontrar na revelação das polaridades intrínsecas de cada ser.

Faz-se necessário revelar, experienciar e arrepender-se, para só então assumir o poder da escolha de si, do compreender e perdoar-se, e como recompensa acessar o fim último, o domínio do equilíbrio da própria alma.

60. A ARTE

A Arte demonstra uma consciência de concepção divina. Pois, para o artista chegar a uma perfeição, há de se utilizar do aspecto imperfeito. A Arte é o caminho mais divino que o ser possui de percepção de si e do meio.

61. É PRECISO RESPEITAR A LEI

O ser humano é criado para obedecer. Segue sua existência, desde o nascimento, para obedecer. É educado a obedecer aos pais e aos mais velhos. É educado a obedecer à Lei. Todo ensinamento recebido está sustentado na repressão da educação. Antes rígida, hoje nem tanto, mas ainda reprimida. Ensina-se ao ser a importância da educação pela obediência, mas esquece-se de educá-lo no verdadeiro significado da palavra, respeito.

Respeito é algo que é compreendido e conquistado, não pela imposição da força física ou moral. É preciso respeitar a Lei, a lei da família, lei social e lei civil, mas o verdadeiro respeito não aceita imposição, ordem ou poder, muito menos ser comprado.

O verdadeiro respeito é algo genuíno, sua conquista é o amor e sua recompensa é a troca. Quem não conhece o verdadeiro valor da simples palavra "respeito" não conhece nada, não sabe nada, não é nada. Não passa de um simples transeunte na vida, sem destino, sem valor.

62. VIDA, POR UMA VIDA BEM VIVIDA

Quero acordar no amanhecer, ver a vida como ela é, entender os transeuntes da vida, do pássaro que voa porque é do alto que ele exerce a sua sabedoria, do alto ele irá buscar o que é verdadeiro.

Compreender a esfera do universo, que é na espiral cósmica que a vibração do sentir acontece. Perceber no infinito a imensidão do saber, que se perde diante daquele que busca a razão do seu querer, que acredita possuir um conhecimento real entre a irrealidade de um ínfimo sutil do tempo perdido.

Quero acordar na grandeza do espírito. Olhar para o alto e ver o que nunca foi visto. Entender o que nunca foi entendido e revelar o que foi omitido, o que foi obstruído e consumido nas chamas do poder impiedoso do querer.

Quero me libertar das amarras de um universo pesado, infame, de rigidez atuante sob aquele que sem defesas busca socorro diante do seu opressor.

Quero luz, que diante das trevas acolhe a sabedoria de um elo perdido, na imensidão de um passado, que há muito se perdera em trevas profundas.

Quero acordar num amanhecer de brilho radiante, brilho que me levará a experienciar a verdadeira energia do estar, do vivenciar algo que há muito foi perdido.

63. SOU BOCUDA? SER OU NÃO SER, POR QUE NÃO SER?

Eu quero mais é ser uma bocuda mesmo. Pôr a boca no trombone, abrir minha alma. Me colocar, no que penso e como penso. No que percebo de mim e como percebo. O que sinto e como sinto. O que desejo e como desejo. O que sou e como sou. Não falo sobre ti, falo sobre mim. Se não gosta do que eu represento, sinto muito. Eu quero mais é ser mais Eu.

64. LIBERDADE, LIBERDADE! ABRE AS ASAS SOBRE NÓS! — DUDU NOBRE

Só nos tornamos verdadeiramente livres quando encontramos no autoconhecimento profundo de nossa alma a nossa essência. Aceitando e perdoando aquele que um dia, por ignorância, foi rejeitado, desprezado e ridicularizado por si mesmo.

65. VALORES INTRÍNSECOS

Valores pessoais como beleza, bolsas, roupas, sapatos, carros, moradias, status sociais. Para mim nada disso representa valor. O valor de um ser é percebido no que pensa, como pensa e principalmente como trata seu semelhante. Beleza e bens materiais são apenas valores interessantes, mas que perante um caráter duvidoso e sombrio perdem o valor e o interesse daqueles que realmente têm valor.

66. UMA ARMA CONTRA A AUTOSSABOTAGEM

O que Sócrates quis dizer com a frase "Conhece-te a ti mesmo"? Que nós não nos conhecemos? Que passamos a vida a transferir e projetar nossas mazelas, jogando nossos defeitos nos outros?

Será que a referência de se conhecer seria um olhar para si, para dentro de si? Será que ele se referia a olhar-se, buscar dentro de si o que foi rejeitado e excluído, suas sombras e máscaras, como se refere Jung?

Afinal, será que realmente nos conhecemos, sabemos quem somos?

Ou nossa existência é realmente como aquela a que se referiu Sócrates, ao povo grego, um amontoado de hipocrisias, que nos remete a anjos e demônios de nós mesmos?

Vivemos uma existência a nos localizar, entre toda essa sujeira hipócrita. Somos conduzidos a escolher um lado, que nem sabemos para o quê, mas que, sabemos, há de ser escolhido, pois ser quem se é, é perigoso, e descobrimos isso desde a primeira infância, talvez daí tanta ansiedade. Será?

67. A NEUROSE PERVERSA

Neuróticos são os seres que buscam uma existência Angelical, na ilusão de serem aceitos e reconhecidos como um ser humano mais elevado que os demais. Pobres hipócritas, que sofrerão a dor de sua realidade nefasta.

Perversos serão aqueles que entenderam a perversidade da vida e se jogarão no mundo, como pequenos demônios, a quebrar suas regras e as demais que lhes forem impostas. Só para agredir e, numa doce ilusão, se libertar das algemas que a vida lhes impõe.

Conhecer-se a si mesmo, como compreendo hoje, é libertar-se da ilusão da existência do anjo ou demônio. É enxergar-se como se é, nu e cru, se libertando de crenças, julgamento e do achismo. Mas, afinal, o que vem a ser isso, "se ser o que se é"?

É analisar-se, reconhecer-se e aceitar-se, por mais difícil que isso lhe pareça. É se libertar da hipocrisia em que o fizeram acreditar, por toda a vida, e sendo-se o que se é, no sentido mais doce da palavra, poder escolher ser melhor ou não, mas com a suma importância, que é assumir-se bancando suas escolhas.

68. POLÍTICA, UMA NAÇÃO INCOMPETENTE

Meter o pau é fácil, difícil é fazer melhor. Vejo as redes sociais e tento compreender esse povo brasileiro contraditório. Vejo críticas, inconformismo e revolta em relação ao mandato sujo e incrédulo do PT, Dilma e Lula.

Vejo um movimento incansável por justiça, que por um lado acho ótimo.

Por outro lado, me pergunto, por que o PT reinou no governo por onze anos?

Se o que dizem for de inteiro teor verdadeiro, por que tanto movimento, tanto desgaste energético social para convencer a todos de que seus governos foram ruins? Não bastaria olhar os resultados?

Só me vem uma resposta cabível. Incompetência nacional, ou seja, em todo o sistema nacional eleitoral não há ninguém com competência suficiente para governar melhor do que o trabalho executado pelo PT, apesar das falcatruas, que, convenhamos, o povo brasileiro está careca de saber que essas manobras políticas são tão mais velhas quanto o nosso país.

Por favor, né. A preocupação às vésperas da eleição é se o Lula será condenado ou não. Orgulho nacional. Vamos nos satisfazer com a justiça feita e esquecer a podridão que ainda impera no nosso governo. Cadê o foco? Quem iremos eleger?

Não vejo nada nas redes sociais, apenas revoltas de bebês chorões, pedindo justiça e esquecendo que para sermos uma grande nação precisamos de gente competente e que possa superar a imagem partidária do PT, perante um povo sofrido que só apanha e vive preso dentro de suas próprias casas, condomínios e carros blindados.

Se nos preocupamos tanto em derrubar algo é porque esse algo é grande. Ninguém se preocupa e faz esforço para derrubar algo sem valor.

Normalmente, quando existem grandes esforços para derrotar algo é porque do outro lado existe algo de grande potência.

A meu ver o grande erro do Lula e companhia foi a ganância, o egoísmo, querer se manter no governo a qualquer preço. Não foi a administração do PT que derrotou o país, foi a sua insistência em permanecer no governo, causando uma desestruturação na política brasileira, com reflexos mercantis mundiais, que, assim como os governantes do PT, são insanos, egotistas e irresponsáveis.

Um povo vencedor é um povo unido, seja politicamente, comercialmente ou socialmente. Afinal, para o que vivemos e trabalhamos? Que egoísmo é esse? Estamos no mesmo barco, se não ajudarmos a consertar os furos da embarcação e a remar, morreremos à deriva.

Então, cadê nas redes sociais os incentivos de votos, sustentados por grandes propostas, grandes candidatos, que em suas opiniões farão um grande governo? Vamos pedir justiça e a prisão de políticos corruptos, sim, mas deixemos de ser covardes e vamos movimentar a mídia com o que também interessa à nossa nação.

69. UMA SOBERBA BRASILEIRA

Pensando em tudo o que está acontecendo ao meu redor. Indignada com o egoísmo e a indiferença dos comerciantes, com atitudes em relação ao povo brasileiro, que vão se aproveitando de uma situação que deveria interessar a todos, inclusive a eles. Pessoas pagando dez vezes mais caro o litro da gasolina, para poder trabalhar. Pensei, que país é este? Refletindo sobre a passividade brasileira, que aceita pagar impostos tão caros sem se manifestar. Aceita políticos tão corruptos sem se manifestar.

Analisei essa passividade e, há tempos, classifiquei o povo como corrupto por natureza, o que não deixa de ser uma característica perversa, que reconheço é natural do povo brasileiro. Por outro lado, pensei que talvez tudo isso não seja só perversão ou corrupção de base brasileira, mas sim uma profunda soberba nacional, consequência de um povo inferiorizado, pela própria condição mestiça e escrava, sem referência nacional, origem histórica brasileira.

Refletindo sobre isso, comecei a pensar na impressionante diferença social no Brasil, e com os recentes fatos, comecei a compreender a passividade de um povo que na verdade não é nada passivo, confere-se isso nas relações sociais de baixa renda, e até mesmo nas de alta, onde a agressividade impera em larga escala.

Veio em minha mente a seguinte questão. Pelo que me parece, esse tipo de diferença gritante se destaca mais em países com histórico de inferiorização, os chamados Terceiro Mundo. Como, por exemplo, a África, onde milionários desfilam com seus belos carros, ignorando a pobreza absoluta que se apresenta.

Seria isso então? Brasil, formado por um povo soberbo, que se satisfaz em poder pagar caro, por um orgulho idiota de soberania, que na verdade é um tiro no próprio pé. Pois manter seu carrão, seu lar em condomínio fechado, sua condição social, de que tanto se orgulha, o faz se sacrificar, como ao seu semelhante na pobreza, para conseguir sustentar seu padrão de vida.

Será que o povo brasileiro não vê a desgraça que se instalou dentro do seu lar? Vivemos presos em nossas próprias casas, em carros blindados, sempre rodeados de seguranças privadas, pois o governo não dá conta de prender tanta gente. Sem falar nas doenças sociais como depressão, ansiedade extrema, síndrome do pânico, que lotam a psiquiatria brasileira.

É fácil perceber isso que estou dizendo, quando vemos alguém da classe pobre enriquecer e se comportar exatamente igual àqueles que anteriormente criticou. Que para mim parece exatamente isso, pessoas que possuem uma condição de inferioridade e quando chegam ao poder não perdem a oportunidade de se vingar, naqueles que agora ocultam o seu lugar do passado.

Vemos isso também no cerne da nossa política, dando a sensação de que são todos iguais. Pois os políticos da esquerda de ontem e os da direita de hoje se igualam numa rapidez de indignar qualquer nação, restando a triste sensação de que o Brasil não tem jeito, que mais parece uma maldição.

70. IMAGEM MATERNA

Heroína, poderosa, fantástica. Chegou o dia dela, dia de exaltar, fantasiar, disfarçar, irradiar, beatificar, enaltecer a mãezinha querida. Quanta hipocrisia. Tantos foram os dias em que desejamos que virasse anjo e sumisse do planeta Terra.

Mãe é mulher, é mortal e carnal.

Mãe é divina, mas, por ser gente como a gente, é também falível, podendo ser boa ou má. Sou mãe, mas não sou divina, não sou perfeita e não esperem que eu seja ou me enxerguem como tal.

Sou apenas um ser normal. Sou apenas eu, com todos os defeitos e injúrias com que vim ao mundo. Sou mãe, sim, e quero ter o direito de errar, como errou minha mãe. Porém, com consciência, talvez, consiga corrigir também o erro de minha mãe.

A idolatria escraviza o ser na fantasia da perfeição. Perfeito é Deus, perfeito é o Universo, que num caos constante age em perfeita harmonia. Talvez, se existe alguma perfeição ou plenitude do bicho mãe é exatamente como o universo, que através de seu caos constante sonha com a perfeição, mas não o é.

Apesar da grandeza do universo de um dia ter se tornado mãe, no demais é e sempre será apenas uma mulher, que um dia, pela graça Divina, recebeu a incumbência de gerar, parir e cuidar de mais um filho da vida humana.

71. TODOS VEEM, MAS NINGUÉM A OLHA

Ao fim do túnel existe uma luz. No firmamento existe uma estrela. Todos percebem, mas ninguém a vê. O medo que protege é o mesmo que causa a cegueira.

Toda cegueira é ilusória, cegueira irreal. Pois nem a cegueira física é capaz de cegar um cego, que passa a enxergar além do real.

O medo mutila, anula, invalida o ser. O medo afasta a oportunidade da luz. Feliz é aquele que conquista a coragem de olhar no fundo do olho do seu medo.

Feliz é o ser que gargalha diante da sua desgraça e sapateia perante o horrendo medo desastrado, que sonha assombrar aquele que ri.

72. EXISTÊNCIA HUMANA. CERTO E ERRADO

Normas e costumes. Ética e moral. Afinal, por que estamos aqui? Vivemos procurando sempre um porquê. Buscamos no mundo o que deveríamos ser, como se houvesse regra ou fim último para se ser algo.

A vida é feita de contradições. O que somos é apenas uma representação do que na verdade queremos ser ou do que na verdade deveríamos ser. É essa palavra engraçada, verdade, propriedade de estar em conformidade com os fatos ou a realidade.

Como isso poderia ser possível, se nem conhecemos a nossa realidade, quanto mais a verdade? Ninguém é exatamente real, somos uma representação do que esperam de nós, somos uma ilusão dos nossos desejos ou do desejo de alguém.

Personalidade, caráter, honra? Nascemos e crescemos influenciados pelo DNA de nossos ancestrais, pelos astros, fases da lua e toda a sua magia, quanta energia clara e obscura nos rodeiam desde o nascimento.

Como poderíamos ser sábios de algo? Como reconhecer essa inversão mental que nos influencia? Que vaidade é essa que nos faz acreditar que dominamos a ideia desse universo sábio?

73. PEQUENOS PERVERSOS

É o que somos na primeira infância, até os pais e a sociedade nos castrarem. Percebe-se isso claramente ao conversar com professores de crianças pequenas. Pensam os mais coerentes, ainda bem, não é. Já pensou o que seria do mundo se nós não fôssemos castrados na infância?

Eu diria, depende de como essa castração foi feita. O ideal é uma castração que respeite o ser, para nos tornarmos naturais e com certeza melhores, porque assim não nos tornaríamos os hipócritas que somos. Não formaríamos a fantasia doentia que nos joga no abandono de si mesmo, como ocorre no universo interior de todo ser humano que se dispõe a viver em sociedade, que o obriga a abandonar sua essência.

A hipocrisia é o maior mal da humanidade, ela produz sentimentos negativos como inveja, mágoa e frustração. São esses sentimentos que mais produzem doenças, como o câncer, depressão, angústia, ansiedade e hipertensão. Sem falar da culpa de, por vezes, não se conseguir ser o que é esperado de nós, pois a essência sempre pede a palavra.

Então a pergunta que não quer calar: O que fazer?

Reconhecer e valorizar o que de mais infame existe em nós, para transformar uma pulsão negativa em boa. Observar em nossas crianças qualidades e defeitos, com uma ótica de que tudo tem propensão a boas qualidades. Observar nosso potencial com positividade. Deus é perfeito, só cria perfeição, então como poderíamos ser imperfeitos?

Somos imperfeitos aos olhos humanos, não são de Deus. O que quero dizer? Que todo mal existe para o bem. Se temos uma criança que veio ao mundo agressiva, sua agressividade tem uma função, que precisa ser observada, nem que seja para os próprios pais observarem a sua agressividade.

Se temos uma criança que aos nossos olhos seja impiedosa, fria, talvez ela venha a ser um ótimo médico cirurgião. São defeitos que no lugar certo se tornam qualidades de que um ser humano precisa para exercer funções como medicina, polícia, profissões que pedem coragem e frieza, não é?

Por vezes, o amor exerce sua perfeição na mais pura maldade, maldade que aos nossos olhos se apresenta. Antes de julgar alguém precisamos observar a que certos comportamentos se referem, o que trazem de aprendizados a quem vive à sua volta. Castrar um ser humano sem antes explorar sua potencialidade é condená-lo à própria inutilidade de si mesmo. Por mais que esse ser pareça útil à sua sociedade.

74. ALQUIMIA, MINHA NOVA PAIXÃO

"A arte de curar todos os males", como é conhecida. A Alquimia é muito antiga, existem escritos de 3.000 anos antes de Cristo. Lendas associaram a Alquimia ao objetivo de transformar chumbo em ouro. Porém essa é somente uma metáfora sobre a verdadeira transformação. Alquimia, em busca da pedra filosofal: "A Arte de trabalhar e aperfeiçoar os corpos com a ajuda da natureza".

Transformar o chumbo, que seria o ser humano imperfeito, ignorante e doente, em ouro. Ou seja, a Alquimia com seu conhecimento sutil e elevado visa transformar a morte do estado corpóreo, denso e efêmero, pelo renascimento da consciência e luz do espírito.

75. SENTIMENTOS HUMANOS

As emoções que existem nos sentimentos são engraçadas. O amor é engraçado. A paixão é engraçada. A raiva é demasiado engraçada. O ódio e o rancor então são hilários. Se pararmos para pensar, veremos quanto valor e energia são dispensados, sem necessidade ou razão de ser.

São apenas emoções dispendiosas, que quando bem observadas, conclui-se, não levam ninguém a lugar nenhum. São apenas pulsões de ego e superego. Já que nas pulsões são apenas movidas por formas de satisfação. São variáveis e insaciáveis, uma vez que estas dizem respeito ao desejo, e não à necessidade.

Energia preciosa que se esgota entre o somático e o psíquico. Amor desvairado, sem coerência e contraditório. Pensa amar, pensa sentir raiva e até odiar, mas só faz das vidas humanas uma piada, como a de um bufão. Estripulias de uma criança inconsequente.

Essa é a vida, essa é a brincadeira insana da morte, que nos conduz durante a vida, numa busca eterna da razão de viver. Onde, por entre as trevas do inconsciente, se diverte com tanta incoerência de sentimentos humanos, que insistem em ficar no escuro a brincar de pique-esconde.

76. ARMADILHAS DO EGO FRAGILIZADO

A princípio você é tratado com admiração, carinho e amor. A princípio tudo em você é luz, é divindade. Depois você é criticado, menosprezado. Depois você é ignorado, esquecido. Faz-se o momento da indignação.

A princípio fazem de tudo para reconquistar a admiração perdida.

A princípio a ilusão, vitoriosa e contente pela conquista, finalmente ser feliz. Depois a manipulação, o cárcere, a realidade, as críticas e o menosprezo. Tudo para colocar a pessoa amada na condição de se subjugar para ser aceita novamente. O conhecido relacionamento abusivo. Quem já não passou por isso?

Porém, por mais cruel que pareça, esse tipo de manipulador nada deve, se vê como inocente. Só usou as armas que estavam disponíveis, pois havia alguém desejando ser manipulado. Como assim? Estamos falando de carência afetiva. De pessoas que não aprenderam a se amar, a se respeitar, a se proteger, a confiar em si mesmas, na própria intuição que dizia: sai dessa.

Quando não temos noção de nós mesmos, damos ao outro o poder de nos conduzir. Quando isso acontece, é como se nos jogássemos ao mar, à deriva, esperando qualquer tipo de salvação. Nem que seja de um navio pirata. O manipulador, nesse caso, é o próprio pirata, um egocêntrico que busca apenas o seu bel-prazer.

E, cá entre nós, isso pode não ser de todo correto, mas não deixa de ser um direito do indivíduo. Afinal, alguém está à deriva, precisa ser salvo e ser cuidado, há um preço a se pagar por isso. E como sair dessa situação?

Busque ajuda, procure meios de se conhecer, buscar seu poder perdido no espaço-tempo. Busque se reconhecer, se aceitar e assumir seu poder, o poder maioral e universal. O poder na vida da vida de se viver. O poder de poder se ser quem se é!

77. QUERIDO MENDIGO, AMO VOCÊ

"O último cristão morreu na cruz", assim disse Nietzsche. Todo mundo se diz cristão. Todo mundo diz seguir Jesus. Mas ninguém quer ser Jesus. Ninguém quer viver Jesus.

Todo mundo diz seguir o evangelho. Mas ninguém quer doar tudo que tem. Ninguém quer viver de esmolas. Ninguém quer dormir ao relento, sem teto, lenço ou documento.

As religiões pregam modéstia e simplicidade, mas seus templos estão rodeados de riqueza e grandeza. Os religiosos pregam humildade, mas desfilam em congregações majestosas e orgulhosas. Quem é o cego que não vê?

A hipocrisia cristã segue por milênios. Domina massas, prega a tortura de almas. Persegue consciências piedosas impiedosamente, soterradas em culpas lamacentas e putrificadas.

Quem é o cego que ainda se recusa a ver, algo que ainda se concentra, torturando almas em cárceres, aterrorizadas por já não saber reconhecer verdades ou mentiras? Certos ou errados.

Jesus existiu, perambulou pela terra, como mendigo, sem bens e documentos, mostrou a verdadeira e única simplicidade. O verdadeiro e único valor, o amor. Jesus, meu mendigo adorado. Representante da única verdade. De que todo o valor nada vale. Todo o tempo nada representa. Apenas a doce e eterna ilusão. A suprema ilusão, a ilusão da morte.

78. O SUBMUNDO DE UM EU PROFUNDO!!!

Eu sou um ser profundo, um ser imerso no macro e micro cosmo, mas não sou qualquer ser, não apenas um único ser e nem qualquer ser simples. Não!

Sou, sim... um ser único, imperfeito, mas potente, desajustado, mas corajoso, capaz de enfrentar os piores medos. Monstros gigantescos, que ficam à espreita, aguardando o momento exato de me devorar.

Ah! Sou imperfeita, sim, graças ao meu divino ser, que se permite ser pequeno, fraco e indesejável. Mas não sem um propósito, e sim para, nas sombras da noite escura, sem sequer um reflexo da luz lunar, resplandecer e desenvolver luz própria, capaz de alumiar qualquer força das trevas.

No entanto, não creio ser algo exuberante, puro, capaz de subjugar qualquer poder, não mesmo. Sou apenas eu, apenas aquele ser, que apesar de sua coragem e potência permite a sabedoria consciente da possível queda, a queda que também não tem como sinônimo o fracasso. Onde, apesar da tamanha luz capaz de emergir, aceita que outra brilhe, na noite fria e escura, mesmo que para isso seja preciso que se apague e que, nem por isso, acredite o mais desconfiado que ela esteja aniquilada, jamais. Só se prepara para ressurgir das cinzas, do breu profundo, cada vez mais forte.

79. CIRANDA DA VIDA

A vida é um vai e vem. Uma troca infinita. Um reflexo de ações.

A vida é um vai e vem. É justa e ordenada. Não perdoa e não julga.

A vida é um vai e vem. Só se recebe o que foi dado. Só se dá o que se recebe.

Não tolera melindres e/ou queixas.

A vida é um vai e vem.

É simples assim, uma ciranda.

Ação e reação, pura energia.

Afinal, Deus é caprichoso.

Criou o belo, a perfeição.

Criou a natureza.

Criou a luz, as trevas, os bichos, as plantas e os animais. Criou o homem, criou tudo em sua mais doce e harmoniosa perfeição.

Criou o amor, a ira e o ódio.

Criou a fome e os meios de saciedade.

A perfeição que se funde no bem e mal.

No certo e errado, na virtude e no pecado.

Então me pergunto: Se Deus criou tudo, se por tudo fomos criados, de onde vem tanta hipocrisia?

Por que tanta hegemonia?

Será que ainda não compreendemos o sentido da vida? A razão de viver?

O porquê da existência, da doçura ao lado da agressividade?

Afinal, a vida tem valor?

O tempo tem valor?

A benevolência e as maldições têm valor?

Qual será o valor da vida, da existência das coisas, das vidas humanas?

Mundanas humanas.

Hipócritas humanas.

Vazias humanas.

Se me basear nessa mundana reflexão, a única finalidade humana é a natureza.

Beleza simples e genuína.

Que reflete a luz solar e reluz como ouro em sua simplicidade e divina harmonia, como tudo que existe ao seu redor.

80. HUMANOS, GENUINAMENTE HUMANOS

Somos apenas humanos, condutivos, frágeis e influenciáveis, pela própria fragilidade do corpo físico. Basta uma mágoa para destruir toda uma existência, por uma simples decepção do espírito.

81. UNIVERSO INVERTIDO

Nosso mundo está invertido. As mentiras são reais, pois as verdades estão invertidas.

É fácil perceber isso. Perceba aquele que fala o que fala, fala o que deseja ser, não o que é. Nossa mente, mesmo consciente, não é capaz de reverter essa inversão.

Olhe, observe as pessoas que falam o que falam. Parece que mentem, mas não, o fato é que não conseguem ter consciência, por conta dessa inversão, e pensam acreditar no que dizem, mas suas atitudes mostram o contrário.

Observe, aquele que diz não querer casar é o que casa. O que não quer ser rico é o que demonstra desejar. Aquele que se diz ser simples e humilde é o que se torna arrogante quando rico. Parece uma maldição humana.

82. COMÉDIA HUMANA

Estou pensando que o ser humano é uma comédia. Constantemente ouvimos reclamações sobre o relacionamento monogâmico, por causa da repressão de um sobre o outro. Então me deparo com vários casos de relacionamentos abertos.

Ora, não há nada mais castrador do que um relacionamento aberto ou até mesmo a três. Haja controle.

83. QUEM É O ANALISTA?

O analista é o terapeuta que ouvirá a sua história e devolverá pontualmente uma análise sustentada na sua própria versão de vida. Ou seja, que mostrará para você mesmo algo que já sabia, mas que não aceitava como verdade. De modo que, pela versão do analista, baseado em fatos de sua consciência, não haverá mais como negar. A menos que abandone a análise.

84. DOMÍNIO

Ciúmes não é sinônimo de amor, e sim sinônimo de horror.

Pobre daquele que mina esse sentimento, como representatividade do bem-querer. Ciúmes não é cuidar, não é bem-querer.

Ciúmes é desejo de posse, controle, apego, medo da perda. É o sentimento que limita a vida de duas ou mais pessoas, aprisionando e impedindo os seres envolvidos da expressão natural do ser.

Ciúmes é a representatividade do cárcere de corpo e alma. É a tortura permanente, o aprisionamento de alguém que acredita na fantasia do ciúme.

Ciúmes é o princípio para a morte do Eu.

85. PERDA DE SI MESMO

O ser amado de hoje que se torna o ser estranho do amanhã. Que magia é essa?

O ser amado de hoje, alguém que nos traz sentimento de amor infinito. Alguém que constrói uma vida, compartilha amizades e sonhos, filhos e fantasias. Alguém que para nós representa tudo, a luz da existência.

O ser estranho de amanhã, alguém que por desencontros e desafetos transformou-se em sentimentos de ódio ou do nada. Alguém que passa a ser um rival ou estranho. Fantasias desfeitas, sonhos frustrados e o fim de uma relação aparentemente perfeita.

Quem vive ou viveu isso vai se questionar: Como explicar isso? O que mudou? Por que mudou?

Sem conseguir uma explicação lógica e sem uma ajuda profissional qualificada, vai entrar em processo de culpa, de falência existencial, que na maioria das vezes o levará à solidão. Por não saber onde errou. Como explicar esse sentimento imaculado de paixão nomeado de amor?

Que sentimento é esse que envolve o ser em dor e sofrimento, quando apresentado à separação finita do par? Sentimento de inconformismo, de vazio e desesperança que se instala dentro da alma. Gosto de associar essas questões à metáfora de Lacan, com o estádio do espelho, onde ele afirma que o outro é só o outro.

Porém, o outro para nós se torna muito mais do que o outro. Ele é o reflexo do eu inconsciente, do nós em nós, percebido no outro, tanto na palavra falada como em atitudes, pensamento e sentimentos.

A magia da ideia imaculada do outro, sinônimo de encontro da felicidade, pode estar vinculada a essa teoria fantástica. Pois, quando encontramos o nós no outro, acreditamos que encontramos nossa essência perdida e sendo assim o fim dos nossos problemas, o que seria como nos encontrarmos para todo o sempre.

A desilusão com o fim do relacionamento traz a frustração de uma realidade fantasiosa e irreal. A sensação do eu perdido e inexistente. Com o passar do tempo o ser terá de se reconstruir e se reencontrar em outra perspectiva de vida, dolorosa e solitária, sem saber direito onde ou como se encontrar novamente.

A questão aqui está em perceber no outro a si mesmo, porém mais consciente de si em si e abandonar a fantasia social construída em nós, de que a felicidade está em encontrar o amor no outro, seja uma ou mais pessoas ou na aquisição objetal do mundo.

Perceber-se em tudo no mundo, mas não como o outro no outro, e sim o eu em si no outro, como reflexo do si em si. Para só então amar no outro o que vê dentro de si e assim poder-se finalmente escolher no outro o que realmente representa felicidade dentro de si.

A felicidade só pode estar, existir e transformar quando esta for percebida e reconhecida dentro de si, trazendo a consciência do outro como representatividade e valoração de algo que somará nossa vida existencial, tanto no campo físico e emocional como no espiritual.

86. POR QUE REPETIMOS NOSSOS ERROS?

A vida pede aprendizados, experiências.

O princípio e o fim da busca inteligente humana é o perdão.

O eu inconsciente pede compreensão da vida, pede aceitação dos fatos, para só então entender o sentido da vida.

Repetimos nossos erros, porque precisamos errar novamente para atingir um aprendizado. Quando vivenciamos uma lição e não aprendemos, ficamos à mercê dessa compreensão. Podemos passar de ano, abandonar aquela incompreensão, mas ficará uma lacuna no nosso aprendizado, e mais cedo ou mais tarde teremos de retornar ao conteúdo perdido. Que retornará quantas vezes for necessário até atingirmos o grande princípio da vida, a compreensão de nós mesmos.

87. EM BUSCA DO ÉDEN PERDIDO

Adão e Eva, a ideia perfeita do paraíso.

A maçã e a cobra, influência maligna.

Levou-os à expulsão desse paraíso.

Para onde foram, para a terra?

Esse mito está cravado no nosso inconsciente. Jung chamaria isso de inconsciente coletivo. Mas o que é esse tal de inconsciente coletivo?

Jung dizia que era algo que está no nosso imaginário coletivo, devido à influência cultural, social ou religiosa. Será isso mesmo?

A relação consciente do nosso imaginário de Adão e Eva está relacionada ao pecado original, ao castigo mortal pela desobediência, à perda da pureza humana. Como castigo devemos nos arrepender e ir em busca da felicidade.

Percebo essa busca na fantasia do encontro de Adão ou de Eva, onde todos estão eternamente em busca desse ideal. Como se isso representasse nossa rendição. Se não achar seu par perfeito, terá perdido a chance de ser feliz na terra. Como se isso nos garantisse o paraíso.

Talvez justifique o desespero de alma que inunda o ser, quando percebe que seu par perfeito não era tão perfeito assim e precisa amargar a derrota do fim do relacionamento. Sensação de fracasso e desânimo para se arriscar de novo em busca desse Adão/Eva.

Pecado original, em cima desse pecado caminhamos sobre pedras pontiagudas, buscando entender onde erramos, e como nos redimirmos de um pecado conhecido, mas não compreendido. Amamos e odiamos, enganamos e entregamo-nos, traímos e nos machucamos. Condicionamos e nos escravizamos. Tudo em nome de uma busca cega. Em nome da felicidade eterna, a redenção humana.

88. A EMPATIA DO "CURADOR FERIDO" E O TERAPEUTA

Na mitologia grega existe a história de Quíron, um centauro (criatura com corpo de cavalo e ombros e cabeça de homem) que era superior aos demais centauros. Enquanto os seus irmãos eram beberrões, indisciplinados e propensos à violência, Quíron era inteligente, civilizado e bondoso, e célebre por seu conhecimento e habilidade com a medicina.

Certo dia Quíron foi ferido acidentalmente com uma flecha envenenada, lançada por Hércules. Por ser imortal, ele não faleceu por causa desse ferimento; todavia, essa ferida era incurável, e se tornou um sofrimento crônico.

Tal situação de desconforto fez com que Quíron, a partir da sua própria dor pessoal, pudesse entender a dimensão do sofrimento daqueles que curava. Isso o transformou em um exímio curador e o fez ser considerado o "Pai das Terapias Curativas", sendo chamado de "Curador Ferido".

Carl G. Jung se apropriou dessa imagem para dizer que um terapeuta pode ajudar na cura de pessoas, por ele mesmo ser um doente. Mais tarde, um padre chamado Henry Nouwen, escreve um livro com esse título, falando da maneira tão mística pela qual que homens e mulheres marcados por suas dores são capazes de ajudar pessoas e suas feridas no processo da cura.

Como terapeutas precisamos encarar nossas dores e limitações, isso nos faz olhar para o outro com empatia, compaixão, misericórdia e amor incondicional. Não somos blindados do sofrimento, mas podemos usar das nossas próprias dores existenciais para agir com reverência diante da dor do nosso próximo.

"Somos Curadores Feridos."

89. PODER-SE-IA COMPARAR A TERAPIA À ARTE MARCIAL

No início prazeroso pelo aprendizado e reconhecimento dos movimentos.

Depois vem a dor muscular que castiga sem piedade.

Porém, após um bom tempo de exercícios, lutas e dores, o corpo se torna resistente e definitivamente ninguém mais o atingirá com facilidade.

Assim também é o que acontece com uma pessoa minimamente terapeutizada. Quanto mais terapia, mais resistência às frustrações e tropeços da vida.

90. PODER DA ESCUTA TERAPÊUTICA

O poder da escuta no atendimento analítico, o que é isso mesmo?

É uma terapia de resultados. É uma terapia onde o terapeuta se ausenta de si mesmo e se entrega à escuta do outro. É uma terapia onde o terapeuta não possui identidade, opinião ou julgamento, apenas escuta o outro, com o intuito de ajudá-lo a se escutar, se perceber e se livrar da própria fantasia existencial.

O poder da escuta analítica vai muito além das fronteiras psíquicas. Amplia o horizonte espiritual do ser. Aprofunda a alma no reconhecimento de sua existência interior, resgatando a luz desde o ponto intrauterino, passando pela infância esquecida, até o resgate da personalidade perdida e congelada pelo próprio ser.

O poder da escuta analítica é libertador e traz ótimos resultados, pois liberta o ser de seus demônios análogos e elucida uma realidade psíquica abrangente e clara, que favorece a compreensão num campo tão amplo que permitirá ao ser definir e resolver questões pessoais, antes impossíveis de se cogitar, sequer em pensamento.

91. VOCÊ NÃO É FLOR QUE SE CHEIRE

Pois é, essa sou eu, cuidado ao me cheirar, posso intoxicar alguém. Brincadeira? É não, essa frase foi dita por meu pai à minha estimada pessoa, em um certo dia em que eu pedia colo e defesa. Bem, acredito que ele sabia o que dizia, fui eu que fiquei profundamente magoada por anos.

Hoje à tarde, refletindo sobre isso, me dei conta do sentido dessa frase em minha vida. Pois o que no passado me fez abaixar a cabeça, me condicionar e tentar me adaptar ao meio, só para não ser mais essa flor que não se cheira, hoje, no presente, me libertei dessa vida vulgar, e resolvi mudar.

Na verdade, sou a mesma flor, a diferença é que não faço mais questão de que me cheirem, que me olhem, assumi em mim a realidade da flor que não se cheira.

Resolvi assumir meu real papel no mundo, independentemente de ser gostada ou não por outrem. Hoje, sei que sou quem sou, independentemente do verbo cheirar de qualquer outro, mesmo o do meu pai.

Afinal, descobri algo maravilhoso em mim, dentro de mim, seja na minha agressividade, doçura, inocência, no meu puro sadismo ou simplesmente ironia. Descobri que amor não reside fora do ser, mas dentro. Descobri na fonte verdadeira o elixir da vida eterna. Quando fugimos do real em nós, fugimos de nossa verdade, de nossa realidade interior, e como consequência, nos perdemos de nós mesmos.

Realmente, prefiro ser essa flor que não se cheira a uma sem cheiro algum, por ter se perdido de sua essência.

92. CULPA, FORÇA PRECURSORA AUTODESTRUTIVA

Sentimento aparentemente inocente, mas que inconscientemente pode nos trazer grandes problemas. A culpa inconsciente diz respeito às situações em que o agente deveria agir com previsibilidade (objetiva e subjetiva) e não o faz, ocasionando, assim, um resultado que ele não desejava e nem previu.

Em outras palavras, ocorre nas situações em que o resultado danoso adveio de um comportamento imprudente, imperito ou negligente do agente. Mas a questão não é o ato, é a repetição do ato, aquela frase que soa no interior da mente, "não entendo, como sou burro, sabia o que devia fazer, sabia o que iria acontecer e novamente, pimba, faço a besteira".

Essa indignação, inconformismo deve-se à ciência de que algo interior nos impulsiona ao aparente erro iminente. E vem a pergunta que não quer calar: Que força misteriosa está por trás disso? A culpa — é a resposta.

Quando nos sentimos culpados, tendemos a nos punir, por não nos acharmos merecedores de qualquer glória. A culpa por si só pede castigo e o castigo pede punição, quando a causa dessa culpa está absorvida inconscientemente, mesmo que o fato e a culpa original sejam reconhecidos pelo consciente, não impedirá o ato punitivo do inconsciente, até que a pessoa perceba essa força punitiva agindo dentro de si.

93. QUANDO OCORRE A PERDA DE SI MESMO?

A perda de si mesmo ocorre quando abandonamos nossa essência divina para ser o que esperam que sejamos, perante o desejo do outro. O nosso sentimento de inadequação faz jus a essa perda e joga o ser num desespero existencial, que destrói aos poucos a sua integridade e o amor a si mesmo.

Quando reconhecemos nossas limitações e fraquezas e assumimos quem somos no mundo, paramos de fugir de nós mesmos, fantasiando e criando personas para nos defender da realidade do que é e de quem realmente somos.

Reconhecer-se e assumir-se é valorizar-se perante a própria vida, ao eu divino. É se libertar da agressividade construída pelo eu contra o próprio eu, que tem como origem a rejeição do próprio ser, apenas pelo fato de se ser quem se é, devido à sensação de inadequação social em que o ser se apresenta e reconhece.

A culpa que sente o ser espiritual faz com que o ser passe a se autossabotar e castigar, fazendo escolhas de sofrimento existencial, pela própria negligência de amor e valorização de si para si mesmo. Com isso, o eu divino, que espera o acordar, aguarda através das repetições de padrão que o ser canse de se rejeitar e busque ajuda, através do sofrimento interior.

94. SOLIDÃO EXISTENCIAL

Muitas são as vezes em que nos sentimos rejeitados por aqueles por quem, julgamos, deveríamos ser amados desde o nosso nascimento. Mas a realidade mostra que nem sempre é assim, ou pelo menos é o que achávamos que deveria ser.

Como resultado, sentimento de inadequação, incompletude, inexistência por não se identificar dentro do meio em que vive. Esse sentimento nos joga num complexo existencial profundo, por demais doloroso, a ponto de nos ausentarmos de nós mesmos.

A solidão existencial é esse rompimento interior, sentimental. É o não se reconhecer mais no meio em que vive. É a perda de si mesmo pela falta de identificação. Por um complexo e profundo sentimento de não pertencimento.

Porém a vida oferece ao ser uma oportunidade de superação existencial, a socialização. A oportunidade de se encontrar no mundo a ausência deixada na alma, quase como o sentimento de um órfão, que precisa desesperadamente de uma família adotiva, para finalmente encontrar sua base identificativa, um pertencimento, pois a família original já se perdeu no firmamento.

Iniciam-se assim as relações e relacionamentos humanos. É a busca de si mesmo através de uma identificação no outro. É a busca do pertencimento. Quando diante de frustrações constantes, o ser se deparará com o sentimento de tristeza, vindo de um mix de angústia e ansiedade, que o levará a um desânimo existencial, pela total solidão de si mesmo.

A questão existencial do indivíduo está em parar de buscar nas socializações a referência de pertencimento existencial, pois este já lhe foi dado em sua origem e rejeitado por ele mesmo.

O ser nunca achará fora o que perdeu ou rejeitou dentro de si, isso é impossível. A insistência desse erro o jogará num círculo vicioso de repetição de padrões, decepções e frustrações. Como se andasse em círculos em busca de uma saída sem fim. Justificando assim a sensação de extremo cansaço, desgaste energético, por fim sentimento depressivo.

O ser precisa achar dentro o que perdeu dentro de si e buscar fora apenas o que for agregar, como prazer e satisfação, de si para si mesmo.

95. CONTROLE, INSANAMENTE INSANO

Qual a maior burrada humana?

Se achar Deus, achar que pode controlar o outro e o mundo à sua volta, achar que pode ter algum poder na vida. Sendo que o único poder que possuímos é o poder de assumirmos a responsabilidade dos nossos desejos e atos na vida.

O universo é um caos por sua própria natureza, nada tem controle ou ordem, e por isso mesmo segue seu rumo em pura perfeição. Se observarmos com carinho, veremos que nem o nosso corpo podemos controlar, o que será que nos faz acreditar que podemos controlar as nossas emoções ou a própria vida, e o que dirá a vida alheia?

Porém, o ser humano não se percebe nessa questão, passa uma existência tentando obter esse poder e sofre gastando energia em demasia tentando manter a dominação, que acredita ser real, e se revolta cada vez que se frustra com a dura realidade. Quando pensa que está controlando algo e percebe a ilusão nefasta de sua alma.

Temos a prova de que o controle é em demasia insanamente insano, quando nos damos conta de que o próprio Deus renunciou ao poder do controle quando instituiu o livre-arbítrio. Agora me pergunto, por que diabos o ser humano acha que é legal ter esse poder?

96. POR QUE TERAPIA?

Porque precisamos nos enxergar, identificar e reconhecer, coisa quase impossível sem a terapia. Mas por que isso acontece? Primeiro porque não sabemos quem realmente somos, somos o que nos foi apresentado por nossos pais. Herdamos o nome, DNA, time de futebol, costumes, crenças, dogmas, enfim, pertencemos a um clã e comumente seremos o que esse clã espera de nós, pois faz parte do nosso pertencimento, precisamos disso como base.

A questão terapêutica não está inserida apenas nas questões do desequilíbrio psíquico, e sim numa questão muito maior, na libertação das amarras psíquicas do indivíduo, em relação ao que ele acredita ser.

Não existe infelicidade maior ao espírito do que ele exercer uma existência anulando sua essência, principalmente quando o fizeram acreditar ser algo que contradiz seu princípio divino interior.

O desequilíbrio psíquico original de cada ser tem como base principal a insatisfação vivencial, por desconhecer ou não assumir o real desejo de existência do próprio ser, seja por ignorância ou medo. Pois quando nos confrontamos com a dificuldade ou frustração existencial, tendemos a fantasiar ou ignorar, como meio de defesa do provável sofrimento.

Porém, ao fantasiarmos nos anulamos como ser em si e quando ignoramos algo dentro de nós também ignoramos a nós mesmos. Portanto, tanto a fantasia como a fuga pela ignorância representam a morte do espírito perante a sua existência, provocando um profundo desequilíbrio interior.

Então, por que terapia mesmo?

Porque precisamos entender quem realmente somos, porque fugimos de nós mesmos e para nos resgatarmos. Precisamos parar de nos autossabotar, assumir nosso poder de existência na vida. Precisamos encontrar o amor e o perdão, dentro do nosso ser para finalmente nos reconhecermos e escolhermos nosso caminho na vida e determinarmos o que é melhor para nós mesmos. É só por isso que todo ser precisa de terapia, e esse é só o começo de uma grande virada na jornada espiritual.

97. O QUE PEÇO A DEUS?

Luz, discernimento e sabedoria. Tenho muito trabalho pela frente, me reconhecer e me reconstruir a cada dia, auxiliar almas a se reencontrar, achar o equilíbrio e reconstruir-se.

Afinal, logo partirei e a única coisa que levarei desta vida é a satisfação de ter feito o meu melhor, seja lá o que isso possa representar.

"Eu só peço a Deus um pouco de malandragem, pois sou criança e não conheço a verdade." (Cassia Eller)

98. BOLSONARO, FIGURA INTERESSANTE.

E esse inconsciente coletivo que ele provoca? Fico intrigada com uma questão. Que desejo inconsciente, impulsivo e de tamanha dimensão é esse que causa tanto medo a ponto do ser desejar uma autoridade castradora como o que representa esse Bolsonaro?

Desejar Bolsonaro como presidente é desejar o pai autoritário, punidor, que chega em casa e que castiga sem dó, a cintadas, para mostrar quem manda. Será que precisamos retroceder a uma época em que crianças eram espancadas por seus pais e professores, mulheres submetidas à humilhação da desigualdade e injustiça social?

Autoridade e respeito não são algo que se consegue pela força impiedosa. Se fosse assim, sociedades que imperaram à ditadura e foram governadas por militares teriam sido um sucesso, e não o fracasso que vemos aos quatro cantos do universo humano.

Autoridade e respeito se conquistam com leis justas e humanas. A revolução hoje não pode mais ser através da violência, e sim pela inteligência. Não creio que num país de pessoas tão inteligentes como tem o Brasil não haja uma única alma inteligente que possa se candidatar e apresentar um plano de governo decente.

Sim, porque o modelo de governo de Bolsonaro é retrógrado e emburrece, algo que ofende e desmoraliza o meu conceito de inteligência humana, que deveria estar a caminho de uma provável evolução, como o que acreditamos atualmente. Será que retornaremos também à era da caça às bruxas?

99. COMPLEXO DE INFERIORIDADE

Quando será que o ser humano irá perceber que o ato de diminuir alguém não o fará maior ou melhor, jamais. "Oxente, my god!" Lembre-se, você pode elevar seu tamanho estando apoiado nas costas de alguém e até ter a ilusão de ser realmente grande, mas cedo ou tarde terá de voltar ao chão e a realidade se apresentará muito mais dolorosa.

100. INSTINTO X DESEJO

Instinto, coisa bruta, animalesca. Desejo, coisa humana a ser combatida. Conceitos antigos e alguns atuais; abominam tudo que possa nos comparar aos animais, mas afinal o que somos?

A meu ver os animais trazem grande sabedoria, justamente pelo simples fato de só seguirem o instinto. Sendo assim, acredito que estão mais perto de Deus. Deveríamos ser mais humildes e nos permitir aprender com eles, ao invés de colocá-los num nível inferior de ignorância. Ignorantes somos nós humanos, que julgamos pertencer, dominar e saber algo, que nem compreendemos como funciona. Julgamos o outro com facilidade, mas quem detém o poder do julgamento não deveria ser aquele que tudo sabe?

Se nos julgamos sabedores do conhecimento do universo, isso demonstra nossa mais pura ignorância. Portanto, mediante essa reflexão, se o instinto animal é algo inato e natural, que os aproxima da essência divina, o quanto estamos desprendidos de Deus, não pelo pecado, mas pelo abandono de nossa essência, do nosso instinto divino. Mas e o desejo?

Pulsão inconsciente a ser controlada pelo consciente? Provavelmente, mas se analisarmos o desejo como algo impulsivo, compreenderemos seu grau animalesco, pois, se não fôssemos dotados da consciência crítica, invejosa e aniquiladora, simplesmente vivenciaríamos a pulsão desejante como algo instintivo, apenas uma experiência natural.

A humanidade foi castrada e afastada de seus desejos mais profundos, de seus instintos mais primitivos. A crueldade desse ato afastou o ser humano de Deus, consequentemente afastou-se de si mesmo. Condicionar o ser humano ao pecado é condená-lo à prisão perpétua de si mesmo, pois ele nunca vai se livrar da sua essência primitiva, instintiva e desejante.

101. ORIGEM DO MEDO

Querem me castrar pelo medo de causar medo?

Sinto muito, esse medo é seu, não meu, e se causo medo é porque na verdade algo na minha essência divina deve ser respeitado. Respeite então, pois cheguei para marcar.

Damos ao mundo o que recebemos.

Nosso maior medo é a nossa maior verdade.

102. TEMPLO DIVINO

O corpo é um templo sagrado a ser respeitado, o mal-estar e as doenças são a consequência do mau uso desse templo.

103. APRENDEMOS A VOTAR? ACHO QUE AINDA NÃO, MAS POR QUÊ?

Tenho ouvido que não sabemos votar porque não temos boas opções de candidatos, que são todos da mesma panela. Todos ladrões, incompetentes e coisa e tal. Concordo, mas o que fazemos para mudar isso?

Tenho visto uma grande movimentação nas mídias (TV, Zap Zap, Face e Instagram). Todas tentando convencer alguém a votar no seu candidato, metendo pau ou ridicularizando outro. Isso é saber votar?

Pelo que tenho observado, o interesse político deste país mais parece idolatria por um candidato ou como um torcedor, que torce para seu time ganhar a Copa.

Mas, afinal, o que é fazer política?

Política é a ciência da governança de um Estado ou Nação e uma arte de negociação para compatibilizar interesses. O termo tem origem no grego "politiká", uma derivação de "polis", que designa aquilo que é público. O sistema político é uma forma de governo que engloba instituições políticas para governar uma nação.

Percorri todas as mídias populares e não vejo ninguém pedindo voto pelo seu político, mostrando o plano de governo, negociação para compatibilizar interesses. Mostrando o quanto acredita naquele candidato e por quê. Enfim, conquistando voto pela qualidade, não pela simpatia ou apenas para derrubar outro partido.

No meu condomínio, quando tem eleição para síndico, não batem à minha porta só para dizer o quanto o atual síndico roubou ou por que não votou neste ou naquele candidato. Batem à minha porta para apresentar o plano de gestão dos candidatos, pelo qual as pessoas acreditam serem bons para a nova administração. Acredito que isso é saber fazer política, para enfim saber votar.

Precisamos mudar nosso jeito infantilizado de agir na política brasileira; bullying, chacota, piadinha de políticos, isso é coisa de primário. Quero ver maturidade política. Quero ver o povo brasileiro postando planos de governo dos seus candidatos, convencer e conquistar votos por argumentos consistentes e precisos.

Precisamos aprender a discutir política como gente grande. Precisamos ter consciência política, já somos bem grandinhos para isso, já apanhamos demais para continuar brincando no play e fingir que nada acontece lá fora. Se a pessoa se presta à boa vontade de publicar coisas de política, por favor, que faça bem feito. A diretoria agradece.

Ouvindo esse tal de Bolsonaro falando, desacredito nele como ser humano, inclusive que sabe o que diz e no que acredita. Olhar de desafetos e sem brilho, temperamento colérico. Nunca vi tanta maldade expressada por um homem, com tanta agressividade e arrogância. Porém percebo em discussões que vejo pelas ruas a revolta do povo em relação ao atual e último governo.

Passo a compreender que o brasileiro está trocando o podre pelo putrefato, onde o único lugar concebido para ambos, na atual conjuntura, é na latrina. Penso que por arrependimento ou revolta pelo país ter elegido algo que apodreceu e por acreditar ter sido um erro, decidiu como autocastigo entregar o país a alguém que só promete tirania, como única solução.

Será isso possível, o que vejo constantemente em clínica, a autossabotagem, estou vivenciando isso num patamar gigantesco. O autossabotar nacional num imenso inconsciente coletivo.

O que posso dizer aos brasileiros que só enxergam vingança e ódio, refletidos num semblante colérico como o desse sujeito, e que fatalmente respingará dejetos fétidos no rosto de todos nós?

104. TERAPIA É PARA QUEM ESTÁ EM ESTADO DE DESEQUILÍBRIO MENTAL. SERÁ?

Sou psicanalista clínica há pelo menos dez anos, faço terapia com psicanalistas há pelo menos doze anos, e eu não paro, por que será?

Será que possuo um desequilíbrio mental tão profundo que preciso fazer terapia pelo resto da minha vida? Será que alguém tão desequilibrada atenderia e ajudaria tantas pessoas como eu o faço?

Ou será que é porque sou ser humano, com tendências a fantasiar, transferir, projetar, enfim, enxergar no outro os meus conteúdos e me tornar vítima da manipulação em geral, tornando-me presa fácil de mim mesma, em relação ao exterior?

Sentimentos e comportamentos doentios, porém comuns da característica humana, como carência afetiva, manipulações egocêntricas, subjugação humana como resposta de uma intensa insatisfação pessoal ou efeito da projeção de inferioridade do ser. Somos seres expostos a condição emocional e física, que nos torna frágeis e acessíveis perante as torturas emocionais ou físicas.

Aquele que realmente acredita que sabe tudo, que pode tudo, que se julga são e que é realmente indecifrável, este é que está realmente doente e trará para sua vida e àqueles à sua volta a desesperança e a perda de si mesmo.

Lembre-se, o louco é exatamente aquele que não se percebe e não reconhece a loucura em sua vida. Assim também ocorre com o egoísta, o fanático, o autoritário etc. Quantos destes estão arrotando sanidade à nossa volta?

105. CULPA, RESULTADO DO EFEITO DESEJANTE?

E o que é um desejo que provoca culpa? Resultado da perversão da essência?

E o que é essência? Algo que nasce com o ser, cresce e morre com o ser?

É aquilo que precisa ser experienciado pela vida e que vai lutar com todas as suas forças para ser realizado, uma guerra inconsciente do Eu divino com o eu social.

106. IDENTIFICAÇÃO FATÍDICA

Assim se entrelaçam as relações humanas e vivenciais. Escolhas, paixões, admirações, amores conturbados. Não compreendemos quando aquele jovem de boa reputação social passa a se envolver com pessoas não tão bem-vistas assim, e vem logo a frase: são as más companhias que te fizeram agir dessa ou daquela forma.

A psique não funciona assim, linearmente. Irá identificar no meio o que o ajudará em uma suposta libertação. Uma forma de se libertar das amarras que o fazem acreditar que é feliz.

O ato falho, conhecido como autossabotagem, nos mostra isso com clareza. Agimos inconscientemente para realizar algo que nos é sublimado como escolha, como o exemplo do alcoolismo, que justifica atos inconcebíveis, em nome da inconsciência alcoólica.

Seja nas escolhas dos amores, time, gostos ou candidato político. Tudo está registrado pelo inconsciente, identificação simples e crua. Não requer mais justificativas, apenas o fenômeno que se apresenta e mostrará quem somos e o que realmente queremos da vida.

A questão é: a identificação é iminente e intrínseca. Inventamos diversas desculpas e distribuímos culpas, para justificar essa escolha, que não requer importância perante o desejo que se repetirá, quantas vezes for necessário. Até que compreendamos o sentido da identificação e finalmente possamos exercer a escolha consciente e, principalmente, a responsabilidade por ela. Que nada mais é do que o desejo mais profundo do nosso espírito inteligente e divino.

107. O EU PEDE PASSAGEM

Independentemente de idade, raça ou gênero. Ele sempre pedirá passagem, independentemente da educação dada ou mesmo da educação cobrada. Ele sempre pedirá que deem passagem. Quer um conselho de amiga? Dê passagem, pois o Eu é grande e o fará.

108. SIMBOLOGIA PERENE

Vazamento constante no banheiro. Privada que insiste em entupir. Carro que quebra constantemente. Assaltos repetitivos. A simbologia que se apresenta pede um olhar para sua vida.

109. O DIVISOR DE ÁGUAS

Compreendo o fenômeno político brasileiro como um divisor de águas, mas por quê? Ora, quais são as principais ideias? A tortura para criminosos, guerra civil, intervenção militar. Essas ideias constituem um divisor de águas, que é justamente quem as aprova e desaprova. Mas por que isso é tão forte que gera tanto ódio de ambas as partes?

Acredito, pelo que tenho observado, ser justamente a relação intrínseca do ser com essas questões, ou seja, todas foram vítimas dessas ideias, por excesso ou pela falta. Vou explicar...

Em geral, quase todas as relações familiares, na infância, possuem uma relação simbólica com essas ideias, devido às experiências vividas por algumas pessoas. Tipo assim, quem foi vítima de relação abusiva pelo excesso de autoritarismo familiar na infância e talvez na vida adulta como padrão de repetição, vai abominar essas ideias, pois são a representatividade de seu sofrimento, considerado pela injustiça.

Já para aquele que também foi vítima dessas ideias, mas que, ao contrário, onde o sofrimento existencial é para aquele em que a causa do sofrimento e da dor é por consequências da falta da autoridade necessária por parte dos responsáveis dessa família, e que foi permissível o caos em sua vida, irá desejar essas ideias como vingança como o do autoritário extremista.

Intervenção militar, desejo de pais severos e autoritários, que instalassem a ordem em suas vidas, como consequência evitando dor e sofrimento infantil, pelo âmbito familiar.

Guerra civil, desejo de luta e morte entre irmãos, para instalar a ordem familiar e resolver o caos de suas vidas na infância, devolvendo a paz, a ordem e a justiça.

A tortura para criminosos, desejo de vingança ou castigo àqueles que o fizeram sofrer na infância, e fazê-los sentir as mesmas dores de que acredita ter sido vítima.

Enfim, são apenas medo e desejo de experiências sofridas, que possuem uma relação intrínseca e pessoal com essas questões, que vão direcionar o ser a uma emoção e reação, perante a sua dor inconsciente de traumas vividos pela experiência familiar.

110. UTILIDADE PÚBLICA

Quando alguém utilizar uma palavra para te classificar como algo ou espécie, antes de discutir ou brigar, procure o significado da palavra e certifique-se a quem realmente a palavra se refere. Você pode descobrir que a pessoa está se referindo a ela mesma. Afinal, enxergamos no outro o que nos pertence, sempre!

111. UM OLHAR, NUM SÓ OLHAR

Você olha nos olhos de quem ama?

Busca verdades de sua essência?

Já se sentiu olhada e analisada com profundidade?

Talvez você descubra como é magno. Como é maravilhoso ver quem ama, sem máscaras ou defesas. Como é virtuoso saber quem está ao seu lado.

112. DÓ É RAIVA

Não tenho dó de ninguém, nem de mim mesma. Tenho misericórdia, e por misericórdia te ajudarei a ver sua verdade, como um dia vi a minha, e ainda sigo numa busca constante de minhas verdadeiras vertentes, omissas de mim, por um dia ter sentido dó e piedade do meu eu.

113. A VIDA É FEITA DE POSSIBILIDADES

Quando aceitamos uma possibilidade diferente do que acreditamos como ideia fixa, abrimos uma porta do nosso inconsciente. Abra muitas portas e sua perspectiva de vida será grandiosa.

114. BRASIL, PÁTRIA AMADA

Amo você, amo esse povo, amo esta terra. Por que amo?

Justamente por suas diferenças, pela cultura miscigenada.

Pela liberdade de expressão. Pela liberdade de escolhas.

Nosso Brasil é um país rico. Povo espirituoso e espiritual.

Sua riqueza é extrema e é notória, não só financeiramente, mas também espiritualmente, energeticamente. Não há igual no mundo.

Façam o que quiserem, este povo, este país tem alma intocável.

115. UMA ANÁLISE DO DEUS NO EU OU DO EU NO DEUS?

"Amar a Deus sobre todas as coisas, e ao próximo como a ti mesmo." Devo amar a Deus sobre todas as coisas, mas a palavra diz que tudo é criação de Deus e que Deus está em tudo e tudo é Deus.

Ora, se devo amar o meu próximo como a mim mesmo, mas, se a palavra diz que Deus é a semelhança e imagem do homem, penso que devo entender que também Deus está em mim.

Ora, se compreendo então o que a palavra diz, que devo amar a Deus sobre todas as coisas e ao próximo como a mim mesmo, e seguindo a compreensão do significado das palavras e suas representações, posso finalmente compreender que: se faço parte de todas as coisas, faço parte de Deus, então para amar a Deus sobre todas as coisas, antes preciso me amar e amarei a Deus sobre todas as coisas. E, se devo amar ao próximo como a mim mesmo, compreendo que antes devo me amar.

Assim, entendo que, se eu aprender a me amar profundamente e verdadeiramente, como sou em essência, como Deus me criou, imperfeitamente, porém com a centelha Divina, que é perfeita, amarei a Deus sobre todas as coisas.

Portanto, compreendo a palavra como única. "Amar a Deus sobre todas as coisas, e ao próximo como a si mesmo" é nada mais, nada menos que "Amar-se e Respeitar-se, por sua essência na vida e em todas as coisas". Mas há de se compreender que a palavra refere-se de si para si.

Quando a questão amar se refere ao exterior, a questão será outra, no caso, uma questão humana, que é completamente imperfeita, ilusória e irreal, por conta da deficitária percepção de si, perante o mundo invertido em que o ser se encontra e se reconhece.

Esse é o momento em que não tentará mudança, apenas o reconhecimento necessário sobre aquele à sua frente. Reconhecer qualidades e defeitos, e quem sabe aprender a conviver com ele por escolhas, não mais por fantasias insanas.

Porém, antes de olhar nos olhos de quem se ama, haverá de olhar nos olhos de alguém mais importante, alguém a quem deveríamos reter um amor supremo. O olhar nos olhos de Deus.

Como assim, Ana? Como olhar profundamente nos olhos de Deus, se Ele é uma energia, não possui corpo ou olhos numa perspectiva do plano físico? Fácil, o Deus supremo e maravilhoso está refletido, por sua imagem e semelhança, no interior de seus olhos.

Olhe, olhe bem, olhe profundamente dentro de teus olhos, através de um espelho, e verá algo mágico, algo que desconhecia do mundo interior e talvez até do exterior. Algo que o levará à consciência de si mesmo.

Acima de tudo, ame-se e amarás a Deus, em todo seu esplendor, não há como ser diferente!

116. POVINHO DO ZÉ NINGUÉM

Povinho que pensa ser alguém. Que pensa ser melhor que alguém. Ê ô povinho do Zé Ninguém. Pena, não é ninguém. Mesmo que tente e consiga destruir alguém.

Ainda assim, por mais que se esforce, ainda será ninguém.

Mas não é ninguém por falta de alguém. É ninguém por excesso de ninguém.

Por excesso do eu ninguém. O eu ninguém que não enxerga alguém.

Por mais que esse alguém seja alguém. Como ninguém, agirá como os ninguéns.

E fantasiará, em seus sonhos cegos, ser alguém, mas não por si, e sim seguindo o ninguém, que também pensa ser alguém, mas que é na verdade ninguém.

117. ETERNOS ERRANTES

Tentando acertar erramos. Tentando não errar, erramos.

Então por que não errar se errarmos iremos?

118. DIFÍCIL É ASSUMIR E JUSTIFICAR NOSSOS DESEJOS

Tipo, reconhecer e bancar para a sociedade que se gosta do ócio, melhor apresentar uma doença, física ou emocional, todas psíquicas. Assim como é difícil dizer para a sociedade que se é antissocial, melhor dizer que se sente deprimido, rejeitado, solitário ou mal-amado.

A culpa passa a ser terceirizada para o outro. Tipo culpa da sociedade, da família, de amigos ou familiares, mesmo que sejamos nós mesmo que a causamos.

O problema se complica quando esquecemos da mentira e começamos a acreditar no que afirmamos para justificar o nosso desejo, que ocorre em nossa psique como uma cauterização.

119. O QUE ESTOU VENDO?

As facetas se revelarem, saindo das sombras. Palavras ofensivas entre familiares e amigos, desunião perante uma realidade ameaçadora. Por falta de respeito pela escolha do ser.

Ele, com suas ideias destrutivas, vingativas. Ele, com seu ódio e sua maldade explícita, desenterrou angústias e insatisfações, trouxe à margem o espectro do inconsciente. Não há mais como disfarçar ou negar, foi travada a guerra, entre amor e ódio. A hipocrisia está sendo derrotada, um lado há de ser escolhido.

Triste realidade, somos o que somos, não há disfarce que se sustente. Não há disfarce nos tempos atuais. Fim da hipocrisia e viva a transparência, cada ser que assuma e banque a sua verdade, doa a quem doer.

120. COMUNISTAS? JESUS ERA COMUNISTA ENTÃO? É ISSO?

Todos que desejam acabar com a fome e a desigualdade social agora são comunistas? Por isso Cristo foi condenado e crucificado então? Evidente que sim. Joana D'Arc, Sócrates e tantos outros foram condenados e mortos justamente então?

Pensar em igualdade social e amor ao próximo se tornou negativo. Já pensar em guerra civil, armamento social e perseguição aos diferentes se tornou positivo. Não é uma questão de princípios sociais, éticos, morais, familiares. É uma questão de classes sociais, financeira, egocêntrica, abusiva e maldosa.

Desejo instintivo de extermínio, do que te denigre, do que te inferioriza, do que não te pertence. Do espelho ameaçador. Sente-se ameaçado pela pobreza, pela humildade da essência do ser.

É que neste universo viver com simplicidade, por amor à vida, ao próximo, é deveras perigoso. Melhor exterminar o que nos incomoda em essência, o que mostra nosso verso.

É o mal transfigurado como bem e o bem como mal. Apenas mudança de papéis sustentada numa inversão de valores.

Pouco a pouco as máscaras se diluem e descem pelo ralo. É o divisor de águas, é a bênção divina se apresentando no horizonte. Pouco a pouco tudo se revela e se rebela. E qual o problema? A hipocrisia se vai, a verdade impera. E apesar da dor, isso é bom, mais fácil lidar com o real do que com a fantasia.

Um cão pode agir como um gato, mas nunca o será, será sempre um cão de guarda, é sua essência. Assim como um gato pode agir como um cão, mas nunca poderá ser de guarda, será sempre o velho companheiro gato.

Assim somos nós, a questão está na racionalização, agimos e fazemos acreditar que não somos o que somos. Criando fantasias e personas para não nos enxergar. Quando criamos defesas como essas e mentimos para nós mesmos, de quem realmente se é, seremos capazes de tudo para manter as máscaras em nossa face, até de matar se for preciso.

A questão não é ser homofóbico, ser racista, não gostar deste ou daquele outro, qual o problema, não é? O problema é não aprender a respeitar o outro, a escolha do outro, isso é a real falta de educação.

Educação não é impor leis, regras e agressões, como alguns pensam.

Educação é reconhecer o autolimite. Educação é saber respeitar o outro.

Ninguém é obrigado a gostar de ninguém. Ninguém é obrigado a conviver com ninguém. Mas a educação deveria mostrar que todo mundo tem o direito de estar e viver como deseja, pois é um ser vivo e merece espaço. Ou será essa a questão?

Melhor eliminar?

121. NUM MUNDO REAL, QUEM É O VERDADEIRO DEMÔNIO?

Anjos são anjos. Demônios são demônios. E qual o problema?, amo os dois.

Afinal, demônio também é anjo. Cada um com sua essência. O problema é que um dia a inquisição condenou os demônios, caçou-os por preconceito e intolerância. Como se exterminando-os fosse resolver o problema.

Acontece que os anjos não tiveram como se disfarçar, porque são anjos e não conseguem mentir. Já os demônios se fingiram de anjos, pois possuem essa capacidade natural e muitas vítimas foram sacrificadas por uma ignorância da não compreensão aos demônios, pois estes podem ser tão bons e justos como os anjos.

Abomino a hipocrisia, a falsidade e o fingimento. Quero ver rostos verdadeiros, faces honestas, mesmo diante de sua desonestidade, que falam o que pensam e sentem. Quero ver as máscaras caírem e que cada ser banque ser quem é. Não precisamos mais de hipócritas e inquisidores, precisamos de leis que façam respeitar as diferenças e trazer o equilíbrio entre o bem e o mal, como é necessário a qualquer polaridade deste universo.

122. O TEMA ATUAL É TORTURA?

Vamos pensar sobre isso. Tortura, o tema é atual, mas não é só da atualidade. Quem já não sofreu tortura? Não precisamos de uma ditadura ou nazismo para nos mostrar isso, está intrínseca no ser. Seja ela explícita ou implícita, física ou psíquica.

Desde uma surra dos pais a um bullying na escola. Uma brincadeira de mau gosto. Uma piadinha que ridiculariza alguém. Situações constrangedoras e humilhantes. Ninguém percebe, ninguém se importa, mas alguém chora no canto.

A tortura é nada mais, nada menos que um ato de vingança. O torturado tem sede de tortura, para aliviar a dor sofrida, seja por atos, palavras ou exposição moral. Seja na escola, nas ruas ou na própria família, muito mais comum, diga-se de passagem.

Na verdade, todo ser de uma forma ou de outra foi vítima da tortura, o que varia é a constância e a autopercepção identificativa, que o faz perceber-se como vítima ou agressor. Sendo assim, vítimas e agressores todos fomos e provavelmente continuaremos a ser. E o torturado traumatizado fica literalmente cego de vingança. Então, como se livrar disso?

Sabemos que temos dificuldade na autopercepção. O que acontece é que aquele que não se autopercebe sentirá sede por vingança, por se considerar vítima e não terá ouvidos caso alguém mostre a razão.

O vingativo se percebe vítima da agressão, mas não se percebe como agressor, como o vingador. Isso se torna uma teia sem fim, que o levará às garras impiedosas que o esperam e mais cedo ou mais tarde o devorarão, pelo seu próprio ódio.

O que eu poderia dizer a quem não compreende minhas palavras, mesmo depois de ter chutado o cãozinho fiel ao sair de casa? Faça terapia e veja em suas sombras a verdade.

Existem múltiplas terapias que poderão ajudar. Ou seja, a questão do pecado e do perdão está na culpa, na autopercepção e autoverdade. O perdão verdadeiro só é alcançado através de uma profunda aceitação da coisa. Só assim o ser poderá controlar suas pulsões e compreender quando alguém o acusa de insano.

123. BRASIL, DESCENDÊNCIA FATÍDICA

Somos descendentes de estrangeiros. Descendentes da ganância. Da busca por terras grandes. Da sede pelo ouro, por riquezas. Somos descendentes de aventureiros. Descendentes dos renegados. Da busca por novas oportunidades. Da fuga do desamparo em outras terras.

Filhos do mundo, dos quatro continentes. Filhos sem pátria, por descendência mista. Herdeiros da ganância, da arrogância. Vaidade de pátria dupla, da incerteza.

Herdeiros da etnia mista, do racismo. Herdeiros da sociedade escravista.

Herdeiros do autoritarismo, do machismo. Do pecado nacional e humanitário.

Somos filhos da hipocrisia. Descendentes de terceira ou quarta geração. Em busca pela identidade social. Em busca pela pátria nossa, amada.

E agora, Brasil, o que será de nós? Nova geração, brasileiros de alma. Brasileiros no processo da autoaceitação. Luta por igualdade de raças e gêneros.

E agora, Brasil, como mostrar a sua cara? Uma nova cara, mais humana e igualitária. Face que busca identidade e aceitação. Aceitação da nossa miscigenação, nossa cara!!!

E agora, Brasil?

124. DEMOCRACIA X DITADURA

A democracia nos permitiu eleger o PT, a mesma que nos permitiu julgar, condenar e pôr para fora do governo uma presidente. Ora, isso não é o mais correto? Termos o poder de eleger e tirar quem não trabalha bem, independentemente do partido?

Não é mais uma questão de eleição partidária, não é mais uma questão de corrupção, vejam bem. A questão agora é elegermos a democracia ou a ditadura. Qual é a melhor para lidarmos? Qual nos trará mais transparência?

Meu voto é sim ao meu direito de escolha. Meu voto é sim ao meu direito de palavra. Meu voto é sim ao meu direito de ir e vir. Meu voto é sim à democracia, ao meu direito da democracia.

125. HOMOSSEXUAIS E TRANSEXUAIS, QUEM SÃO?

São seres que amam como qualquer um. São seres que merecem respeito.

Seres que merecem viver com quem escolherem, independentemente do sexo.

São seres que merecem ser felizes. Independentemente de como escolheram ser.

São seres com grande capacidade de amar!

Por que tanto ódio? Insanidade. Eles possuem a minha admiração. Pois são fortes, decididos e guerreiros. Escolheram assumir e vivenciar o seu desejo. De ser quem se é, custe o que custar. São seres que escolheram amar!!!

Apenas amar. E merecem ser amados.

126. COMPREENSÃO GERA CONHECIMENTO. CONHECIMENTO GERA COMPREENSÃO

Hoje, diante desta disputa política brasileira, cruel e insana, pude perceber com clareza a minha crise existencial, desde meu nascimento. Minhas escolhas trágicas e arrebatadoras, na vida e da vida.

Compreendi quantas vezes na vida, por ignorância ou defesa, tive de sorrir e às vezes gargalhar perante injustiças e injúrias, minhas e dos outros. Frases maldosas e constrangedoras, que humilham, desvalorizam e maltratam o ser humano.

Compreendi a maldade, a vingança, o preconceito e a soberba do ser humano. Compreendi quão solitária e acuada eu estive todo esse tempo, por estar rodeada da tortura e do desamor, como se isso representasse o todo.

Compreendi a dor e o sofrimento que me lavavam e jogavam num poço sem fundo, por não compreender o sentido do viver, do existir, do conviver. Da reflexão doentia de me perceber feia, incapaz, impura, insana, culpada pela vida, por escolhas e atitudes.

Compreendi que tudo que se encontrava à minha volta, no que eu via e sentia havia uma realidade que mostrava essa feiura, essa obscuridade, essa maldade intrínseca e egoísta do ser. Como eu poderia compreender que não era eu, era apenas o reflexo da realidade à minha volta?

Alguns anjos por mim passaram, tentaram me alertar e mostrar, tentaram me ajudar e foram recusados ou repudiados por mim. Mas compreendi também que, quando as trevas estão espessas, como enxergar? À noite todos os gatos são pardos.

Não conseguiria ver a luz sem a conhecer. Atraí as trevas por similaridade do que eu conhecia como real e seguro. Hoje vejo com clareza, nesta política insana, as trevas separadas da luz.

Como se diz na alegoria da caverna de Platão: quando estamos nas trevas nos recusamos a ver a luz por medo do desconhecido. Conhecer é poder!!!

Hoje, eu escolho me perdoar! Hoje, eu escolho me libertar! Hoje, eu escolho amar e me amar! Hoje, eu escolhi a luz!

127. TORTURA INTRÍNSECA

Somos tatatata-tataranetos da injustiça.

Somos tatatata-tataranetos das trevas.

Somos tatatata-tataranetos da escuridão.

Somos tatatata-tataranetos da maldade.

Sendo assim, pelo inconsciente coletivo de Jung, fomos torturados, reprimidos, castrados.

Fomos condenados, mortos, esquecidos.

Fomos condicionados, desiludidos.

Tudo em nome da família, da moral e do amor. Tudo em nome da repressão do ser. Temos em nossa aura cravada a representação da castração, da maldade intrínseca, de traumas importantes e eternos dentro do ser.

Porém, tudo no universo tem seu viés. Percebo algo puro e grandioso em tudo isso, que é a excelência da experiência. Após a perda de uma luta, sai-se fortalecido para a segunda, pois não será nunca mais como a primeira. Já se conhecem os pontos fracos e fortes do adversário.

Não podemos nos esquecer de nossa herança, quanta tortura psicológica foi disseminada na mente de nossos antepassados?

Só um exemplo: "A Inquisição na Espanha celebrou, entre 1540 e 1700, 44.674 juízos. Os acusados condenados à morte foram 1,8% (804) e, destes, 1,7% (13) foram condenados em 'contumácia', ou seja, pessoas de paradeiro desconhecido ou mortos que em seu lugar se queimavam ou enforcavam bonecos".

128. SER PETISTA, NESTA PERSPECTIVA POLÍTICA DE HOJE, O QUE É?

Aos meus olhos a afirmação petista de hoje não é ser político. Surgiu como partido político, mas é muito mais do que isso. Pois ser petista está longe do substantivo feminino "corrupção". Corrupção é crime e pede punição. Ser petista está acima de um partido. É ideologia de um bom governo. É ideologia de algo justo, humanitário. É ser humano, amar a igualdade. É proteger as minorias, solidariedade. Ações humanitárias em busca do bem.

Ser petista está acima da política. É uma escolha fazer algo por alguém. É amar e ajudar um ser sem ver a quem. É amar animais, a fauna, a flora, a vida, acima do dinheiro, de status ou posição. Ser petista é uma forma de ver o mundo.

É compreender e escolher o simples. É respeitar a verdade de cada ser. É respeitar as escolhas e ideologias. É saber dividir e compartilhar com coerência e justiça. Tudo que estiver fora disso não é ser petista, é ser partido político, no sentido político de ser.

Egoísmo, vaidade, orgulho e ganância, características tendenciosas da política. A meu ver, ser petista é a ideologia sonhada de se poder ser quem se é!!! De poder viver em igualdade!!!

129. TER OU SER, EIS A QUESTÃO

O ter é bom, denota potência. Porém, o ter sem o ser denota fraqueza, covardia.

O ter é material, sua conquista independe de caráter. O ser é espiritual e sua conquista depende de caráter.

O ter é irreal e passageiro. O ser é real e eterno. O ter sem o ser é ideal no vazio.

A conquista do ser é primorosa, e ver o ser sem o ter é glorioso.

Porém, o ser com o ter é valioso, mas o ter sem o ser é dispendioso!

130. QUEM DISSE QUE A VIDA TEM DE TER UMA ORDEM, UMA REGRA?

A natureza tem ordem ou regras? O universo é um caos. A vida é um caos.

Nosso inconsciente é um caos. Como posso eu crer que para viver a vida devo me enquadrar em uma ordem ou regra das coisas do mundo?

Como posso eu acreditar que para viver a vida preciso me enquadrar em regras rígidas? A minha neurose me ordena, se enquadre. A minha perversão me questiona, por quê, para quê? Qual o sentido disso?

A minha razão responde, para conviver em sociedade. Penso, penso e me questiono.

Até que ponto preciso me moldar à sociedade? Tenho consciência de que é preciso uma adequação, mas até que ponto? Penso, sinto e vivencio. Penso, sinto e me adéquo. Penso, sinto e analiso. Minha neurose e perversão tem de estar alinhada à minha psicose, e não a regras dominadoras e ordens vaidosas de uma sociedade consumista, egotista e manipuladora.

Ora, ser adulto é estar apto à escolha da própria verdade, assim como a assumir a responsabilidade de suas escolhas. Então, ser adulto é assumir e traçar as próprias ordens e regras da vida, não é? Ou pelo menos não é o que deveria ser?

Por que eu, um ser adulto, responsável pelos meus atos, não posso escolher viver a vida sob a supervisão de minhas próprias regras e ordens?

Acredito que a única regra e ordem que deve existir para alguém na fase adulta é que jamais minha regra e ordem poderia atingir fisicamente ou moralmente um outro ser, digo, dentro do mundo existencial de individualidade de um outro ser.

O que escolho ou resolvo fazer sobre a minha vida só diz respeito a mim, como indivíduo vivente no mundo. Por que a escolha sexual, profissional, existencial de um ser pode incomodar tanto o outro ser, a ponto de resultar em agressões, repúdios e exclusões?

Acredito que nossa Era chegou num momento em que cada indivíduo pode assumir a própria vida e escolhas.

131. AFORISMO EXISTENCIAL

Existe uma lei divina que diz: "Tudo o que você dá ao mundo será tudo o que você receberá!". E você está reclamando da vida. Por que mesmo?

132. RELACIONAMENTOS, MISSÃO IMPOSSÍVEL

Os amigos são pessoas que agregam muitas coisas em nossas vidas, nos ensinam muito também. Muitas vezes se tornam nosso sustentáculo e são muito importantes em nossas vidas.

Porém, há momentos em que entendemos que para conviver e manter as boas amizades temos de nos adaptar, mudar nunca, mas nos ajustar a certos conceitos, costumes e comportamentos.

Nesse processo de ajustes, onde o mais influente determina as regras do certo e errado, vamos nos mutilando e ajustando. Com quanto mais amigos e relacionamentos nos envolvemos, menos de nós reconhecemos.

O risco está na perda de si mesmo. Quando perdemos nossa essência por excesso do outro, perdemos o sentido de ser. Perdemos a razão de viver, de estar aqui.

Há certos momentos da vida em que temos de nos resgatar, de buscar nossa essência e individualidade, o nosso autorreconhecimento, e decidir se continuaremos deixando de ser quem somos ou se mudamos as relações à nossa volta.

Eu nunca deixarei de ser quem sou, nunca, essa é a mais profunda realidade. Aceitar a si mesmo é essencial para se obter uma saúde psíquica equilibrada e consciente da vida e de seu destino.

133. POETIZANDO A VIDA!

Vida, vida que segue
E leva o prazer
É vida que vai e que vem
É vida que traz o desdém
A vida, que detém o segredo da morte
Que desafia a vida
Num jogo de azar e sorte
Eis que, perante a vida,
A morte também detém o segredo da vida
A vida que encerra no ensejo de morte
E eis que diante de tamanha audiência
Vê-se a luz eternamente eminente
Que resiste em apagar-se diante da vida
A vida interior e eterna de cada ser

134. TENDÊNCIA AO SUICÍDIO, QUE FENÔMENO É ESSE?

Alguém de repente tira a própria vida.
As pessoas próximas ficam inconformadas.

Não compreendem o que acontece.

E se perguntam: O que leva uma pessoa a tirar a própria vida?

Há muitas teorias, explicações, discussões sobre esse assunto, mas o que pode explicar algo mesmo é o próprio ser que escolhe o ato de se libertar de algo que julga insuportável. Seja esse algo o trabalho, a família ou mesmo a própria inconformidade de existência.

A questão aqui está em por que desistir, escolher a morte ao invés da vida?

Por que o ser se deprime, desanima, abandona tudo e se joga no incompreensível, no desconhecido e troca o certo pelo duvidoso?

Acredito que a razão principal é a perda de si mesmo e, diante da falta de coragem em se resgatar, opta-se pela morte. Afinal, para que viver quando aquele que é o mais importante para a existência já se perdeu?

A depressão é o primeiro sinal da perda de si mesmo, é a desistência da busca pelo Eu perdido. Não porque se deseja isso, mas é o esgotamento psíquico, que não vê mais sentido na vida e não encontra mais forças para lutar.

A vida pede existência. Existência pede personalidade. Personalidade pede o Ser, estar aí!

Ser, estar aí pede o empoderamento de si mesmo. Pede coragem, se ergue das trevas. Levantar poeira, olho no olho, sorriso no rosto.

Cabeça erguida, reconhecimento de si!!!

135. POR QUE A EXISTÊNCIA NA TERRA É TÃO NECESSÁRIA?

Porque é preciso experienciar a vida na penumbra, para só então poder vivenciar a vida na luz com mais facilidade, pois, apesar da luz ofuscar as sombras, sabemos o que tem lá.

136. ONDAS DE ENERGIA

Ondas de alegria e tristeza. Ondas de pensamentos e ideias. Ondas de amor e ódio. Vivemos num mar de sensações e emoções. Energia vai e energia vem. Conforme a sensibilidade individual de cada ser, poderá ser capaz de captar vibrações de energia, podendo até influenciar no humor de outrem.

Sinto essas vibrações, percebo a quem pertencem, não é difícil, cada ser tem uma espécie de codificação mental, vibração própria. A identificação se faz necessária, para não nos confundir com nosso pensar. Afinal, o que é o pensamento?

O que é o fenômeno energético? De onde venho e para onde vou?

Quem sou? O que sou? Se não observo esses fenômenos, se não compreendo essas questões, não chegarei a lugar nenhum. Pois não compreenderei a essência, a base da vida, a base das coisas.

137. O QUE A ANÁLISE NOS DÁ?

O que a terapia traz? O que a terapia trata? Somos seres autodestrutivos.

A terapia analítica traz reconhecimento, centramento, autoconhecimento.

Portanto, traz o reconhecimento espiritual.

As doenças humanas são uma consequência da perda de conexão espiritual, do ser com ele mesmo, gerando culpa, autossabotagem, autopunição.

A terapia analítica trata o ser, auxiliando na consciência sobre sua autodestruição e permitindo que ocorra a autorização da paralisação ou cancelamento desse processo, que é o que chamamos de cura.

Enfim, a vida, o corpo, o meio irá nos dar o que precisamos para retornar à casa do pai.

138. FINDA O ANO, VIRA-SE UMA PÁGINA?

Quantos sonhos e angústias. Quantas fantasias vividas e sonhadas.

Boas ou ruins, quem pode saber?

Se bem ou mal? Se certo ou errado?

Se consciente ou inconsciente?

O importante é a experiência.

É o conhecimento adquirido na vida.

Quem tem a bússola da razão?

Quem tem a sabedoria da ilusão?

Quem detém a régua da justiça?

Afinal, sabedoria não é exatamente isso?

O saber-se não sabido.

Finda-se o ano, mais uma etapa.

Se boa ou ruim, o novo virá.

Concordando ou não, o novo chegará.

Só nos resta aceitar e abençoar.

Que venham as novas experiências.

Que chegue o novo complexo.

O novo problema, o novo dilema.

Que transmute o intransmutável.

Somos feitos de sensações e emoções.

Somos feitos de fantasias transformadoras.

Energia pura, perspectiva variável.

Memórias acumulativas, limitadoras e às vezes reformadoras.

Somos energia, de lá viemos, para lá voltaremos.

Amor é energia, ódio também. Que venha a energia do bem, da transformação, da transmutação, independentemente de seu conceito assertivo.

Que venha 2019.

139. SER LOUCO OU NÃO SER!

Preste atenção. Não atendo loucos. Atendo pessoas inteligentes e corajosas, que sabem que precisam se enxergar para parar de perturbar a vida alheia!

140. À SOMBRA DA VINGANÇA

Nos primórdios da humanidade, a vingança era aceita e cultuada pela sociedade, tinha como base o valor da honra. O homem que não se vingasse era tido como fraco. Hoje, atitudes preconceituosas e agressivas são muito criticadas, assim como a vingança, conceitos como o racismo e a homofobia foram banidos, mas não extintos.

Para percebê-los basta observar os chistes, agressividade subliminar através da fala.

A vingança em particular é algo muito utilizado entre as relações humanas. Ela tem o potencial traumatizador de limitação e castração, através do medo do retorno vingativo da outra pessoa, que normalmente é construída de muita crueldade psicológica.

Na verdade, atualmente, do politicamente correto, da era digital, a tortura, a agressividade e atos de vingança, que eram praticados livremente em nome da família e da honra na antiguidade, hoje são praticados do mesmo jeito, porém num campo disfarçado pelo simbólico e engraçado ou, simplesmente, o cara de pau do "foi sem querer".

A sutileza da agressividade é mais agressiva do que a real agressividade, pois tende a atingir a alma, campo energético com mais tendência ao sofrimento e mais difícil de curar. Acredito que esse medo do ato vingativo subliminar é justamente um dos principais motivos da onda de isolamento humano, levando o indivíduo a preferir a relação com animais à com os humanos. Pois animais possuem essa característica fiel e de confiança, como a de uma criança, que ainda não aprendeu as artimanhas da maldade humana.

141. QUEM É O PRÓXIMO?

O próximo é alguém que está à sua frente, que sofre e erra como você. O próximo é aquele a quem não se deve julgar, pois seu telhado também é de vidro. O próximo é você mesmo, refletido na imagem do outro.

142. HERMES TRISMEGISTO?

É verdade, certo e muito verdadeiro: o que está embaixo é como o que está em cima e o que está em cima é como o que está embaixo, para realizar os milagres de uma única coisa. E assim como todas as coisas vieram de um, assim todas as coisas são únicas, por adaptação.

O Sol é o pai, a Lua é a mãe, o vento o embalou em seu ventre, a terra é sua alma. O pai de toda Telesma do mundo está nisso. Seu poder é pleno, se convertendo em Terra. Separarás a Terra do Fogo, o denso do sutil, suavemente e com grande perícia. Sobe da Terra para o Céu e desce novamente à Terra e recolhe forças das coisas superiores e inferiores.

Desse modo obterás a glória do mundo e se afastarás de todas as trevas. Nisso consiste o poder poderoso de todo poder; vencerás todas as coisas sutis e penetrarás em tudo que é sólido. Assim o mundo foi criado. Essa é a fonte das admiráveis adaptações aqui indicadas. Por essa razão fui chamado de Hermes Trismegisto, pois possuo as três partes da filosofia Universal. O que eu disse da Obra Solar é completo.

143. ESTUPRO, ATO INTERESSANTE

O estuprador acusa a mulher de sedução. Justifica seu ato cruel como vítima dela. O Machista acusa a mulher por sensualizar. A beleza feminina expõe a mulher. Abre portas, mas também cria julgamentos.

O estupro é um ato agressivo ao feminino. Reprime a sensualidade e induz ao retrocesso. O estuprador odeia a beleza feminina, ataca a mulher no cerne do seu poder.

Estupro, conceito do agressor seduzido. Ora, e as relações abusivas o que são?

Há agressores tão vis como um estuprador. Tudo em nome da condenação da sedução. Por que a beleza cria no ser tantas questões? Inveja, ódio, agressividade disfarçada.

Desejo de destruição do belo e do sensual. Que bom que os homens retornaram da Grécia antiga para assumir o seu poder de sedução e deixar de invejar o que também é belo!

144. O FEMININO COMO CONDIÇÃO DE OBJETO

Desde os primórdios da humanidade a mulher é vista como mercadoria de troca ou um troféu. Algo não tão explícito, às vezes com justificativas bem sutis. Como nas sociedades antigas onde se trocava a filha por dotes.

Em outras épocas a mulher foi colocada como serviçal da casa, do marido, mercadoria de segunda linha, sem valor, sem direito a pensar ou à palavra. Subjugada e menosprezada.

A referência objetal do feminino, mercadoria de troca ou conquista, sempre condicionou a mulher ao baixo. A profissão mais antiga, a prostituição, sempre colocou a mulher num grau de subjugação condicionado por comparação.

Tudo em nome do sexual, por que será que a humanidade faz isso consigo mesma? Como se fôssemos feitos de outro tipo de matéria, só porque o órgão sexual é diferente?

Hoje, o conceito objetal se expandiu, animais racionais ou irracionais, héteros ou homossexuais, adultos ou crianças, femininos ou masculinos, somos todos objetos da sociedade mercantilista.

Hoje a coisa se expandiu, somos todos considerados apenas como números, mercadorias numeradas. O valor humano foi reduzido à sua representação de valores. Dinheiro!

A mulher, hoje, conseguiu sair da condição extrema do objeto, mas ainda é mercadoria de troca. Ainda é subjugada e menosprezada. Fico pensando, que poder é esse que tem no feminino para despertar tamanho medo no masculino?

Eh!!! Se faz preciso a descoberta.

145. IRONIA DO DESTINO

Veremos em nossos filhos nossas frustrações do passado e os condenaremos por nossa própria decepção!

146. HOMOSSEXUALIDADE, LIBERTINÍSMO OU LIBERALISMO?

Por que será que a simples escolha sexual de um outro por outro igual a ele incomoda tanto a outrem que não tem nada a ver com aquele outro ou com a vida desse outro ou com seus mais íntimos desejos, pois ele é apenas e exatamente um outro?

Diria que a causa está na inveja, mas não, como dizem, por tendências homossexuais, que às vezes também o é. Mas por inveja da liberdade. Uma liberdade que vai além do libertinismo ou liberalismo. Liberdade de escolha, da escolha da alma.

Essa é a maior liberdade que um ser humano pode ter na vida e o maior causador de inveja. Nasce-se, vive-se e morre-se na expectativa de se ser compreendido e aceito pelo outro, mas não a qualquer outro, e sim o Outro por quem se espera ser visto e amado, seja lá quem for que este represente.

Escolha da alma, aquele que atinge essa dádiva atinge o grau maior do conceito básico do que é a felicidade. É poder escolher o que sua essência pede, é se respeitar, se amar, independentemente das crenças, expectativas e/ou desejos do outro.

A homossexualidade é o máximo da representação desse tabu, que não é modinha ou representação da vida moderna. Vem desde a antiguidade, é o encontro de alma iguais, que irão lutar por um princípio de liberdade e juntos irão traçar a linha da vida e mostrar que serão plenos em suas escolhas.

Amar o próximo, sem ver a quem! Isso realmente causa muita inveja! Isso realmente é a maior representação de liberdade!

147. UMA COMPREENSÃO INCOMPREENDIDA

Não se está sendo compreendido? Não existe compreensão de outrem. Só há a compreensão interna, de si para si. Toda compreensão externa nada mais é do que a interna se expressando no externo. Que tal compreender-se?

148. POTÊNCIA OCULTA

Somos muito pequenos para os desígnios da vida. Quando algo sai do nosso controle nos rebelamos, chegamos até a negar aquele de representação divina, mais importante em nossa vida.

Na real, a nossa consciência em relação à noção de certo e errado é demasiado condicionada, não temos amplitude e conhecimento pleno para avaliar o sentido e significado da vida.

O inconsciente é que detém o enigma, o inominável que liberta, que amplia. Nele guardamos nossos segredos e desejos, nossa maior verdade. Quanto maior for o seu desconhecimento intrínseco, maior será a impotência do ser.

149. CONSELHO X OPINIÃO

Não dou conselhos, apenas exponho minha opinião. E não se importe tanto, pois a minha opinião está a anos-luz de representar uma verdade. É apenas uma opinião.

150. BUSCAM-SE RIQUEZAS EM POSSES, NO QUE É BELO

Qual é a maior riqueza existencial? Por essência o ser busca potência, porém não sabe reconhecer exatamente onde e acredita encontrar sua busca nos ganhos financeiros, posses e status sociais, como verdadeira riqueza.

O ser esquece de observar sua relação intrínseca com a vida. Esquece de sentir onde se encontra o verdadeiro prazer, o verdadeiro valor das coisas. Se perde em prazeres estranhos, vis, que só trazem a representação do exterior.

Riqueza existencial é sinônimo de potência existencial. São mútuas e dependentes, estão intimamente ligadas à alma do ser. Não estão ligadas às riquezas materiais, propriamente ditas, mas quando em harmonia os frutos são inevitáveis.

Quando o foco da riqueza se origina no exterior, certamente virá, assim como tudo em que pomos energia para desfrutar seu retorno, porém é vazia e inútil, por ter seu fim máximo no outro, e não em si.

A verdadeira riqueza existencial é egoísta, leve, ingênua e livre, não tenho dúvidas. Brinca e ri como criança com suas conquistas. Produz luz em tudo que toca, é inominável, atrai para si tudo que deseja e mesmo sendo egoísta não é egoica, pois quando a riqueza vem de dentro tenderá à expansão e todos à volta serão beneficiados.

151. EU SOU!

Sou branca como a neve. E como a neve brilha, no esplendor de minha alma.

Sou leve como a pluma. E como a pluma enfeita a vida daqueles que me rodeiam.

Sou luz, sou estrela, sou esplendor, perfeita por excelência. E como poderia não ser? Sou experiência divina, criada para o amor. Compreender o verbo amar, em sua essência, é compreender a dádiva de um talento que não se pede, se nasce com ele.

152. MEU ÚLTIMO DESEJO

Perante a realidade nefasta de minha morte, que meus amigos exclamem aos quatro ventos: "Felicitações pela morte de minha amiga Ana Bertotti. Que alegria saber de seu desencarne, brindarei com a melhor bebida de meu gosto, em prol dessa comemoração, em prol de que ela siga no sentido da luz e retorne à sua casa de origem. Felicitação à minha amiga que se foi e, em breve, talvez, retornará. A Deus". Podem brindar em meu túmulo, se quiserem. E tenham certeza, brindarei com vocês.

153. INVERDADES DA VIDA COTIDIANA

Não tenho medo daquele que diz me amar. Porque sei, aí reside a doce fantasia. Tenho medo daquele que se esforça para demonstrar minha completa insignificância. Porque aí, sim, reside uma extrema defesa perante o meu valor.

154. QUEM É O TERAPEUTA NA TERAPIA?

Será como um advogado no processo da vida, que te ouvirá para saber como te defender, fazendo compreender-se de por que as coisas acontecem ou simplesmente são como são.

155. DIÁLOGOS SEM RESSONÂNCIA

Quando num diálogo, diante de outro ser, há de se compreender.
Nunca é você. Nunca é de você. Nunca é por você!
Num diálogo, o ser só vê a si, refletido em você. Portanto, fala de si, julga a si, elogia e critica a si mesmo, falando do outro, que porventura pode ser você.

Ou, ou, ou, que pena que é se descobrir com tão pouca importância, mas por outro lado quanto gasto energético e carga emocional se tira dos ombros.

Às vezes a insignificância pessoal é de grande valia.

156. INVEJA, UM DEMÔNIO OCULTO

Muito se fala sobre a inveja do outro.

Como identificar, como lidar e como se livrar?

Esquece-se de pontuar que se o outro tem inveja, onde o outro é um ser humano e por acaso também o somos, esquece-se de se olhar em si a inveja.

Por que é tão difícil lidar com a própria inveja? Ora, ela é um dos sete pecados capitais, chegando a ser associada ao demoníaco, por sua capacidade destrutiva em relação ao bem.

A inveja, apesar de destrutiva, é um sentimento intrínseco de todo ser humano. Nascemos com ela e por ela é que conseguimos adquirir a perspectiva do que queremos ter ou ser na vida.

A questão está quando ela se associa ao egoísmo e inferioridade. Ela entra em desarmonia desajustando o ser perante sua noção de existência e potência, perante a vida.

A inveja, por ser um sentimento intrínseco ao ser, desde o nascimento, precisa ser reconhecida e aceita pelo próprio ser, para só então poder trabalhar questões de resgate e potência do próprio ser.

O invejoso, por achar o outro responsável pela própria desgraça, dá sua potência ao invejado, daí o sentimento confuso de raiva e destruição, que se conflitam com o pecado, provocando a autossabotagem por culpa, ou seja, a autodestruição.

157. O QUE REALMENTE IMPORTA NA VIDA?

A vida é importante, mas a morte só precisa de uma desculpa. Assim é a importância na vida, estamos sempre buscando ser importantes. Às vezes damos excesso de importância, às vezes tiramos completamente a importância, mas o cerne da importância é sempre narcisista, o eu sempre vence no quesito de importância, quase como um mecanismo de defesa.

Nessa questão da importância humana residem questões como inveja, egoísmo, vaidade, orgulho, soberba, arrogância. Sentimentos considerados vis pelo seu potencial intrínseco de destruição ou autodestruição.

O excesso de importância no verbo "ter" denota a falta de importância no ser, mas também o excesso de importância no ser denota uma falta de importância no potencial individual e existencial.

O excesso e a falta são opostos, num universo de opostos, ou seja, de inversões. Um está sempre compensando o outro. O que está fora é de dentro, o que está dentro é de fora. Quanto menor a distância entre os opostos, menor seu efeito emocional e causal.

158. FILOSOFIA, MINHA PAIXÃO, MINHA ALMA, MINHA ESSÊNCIA DIVINA

O filósofo é um pensador que busca uma profundidade em questões éticas (bem e mal), estéticas (o belo em si), epistemológicas (a essência da produção de conhecimento e suas formas) e políticas.

A partir da especulação e de argumentos lógicos, busca-se questionar e destrinchar a natureza e as condições de ideologias, de valores, das relações humanas e das ciências, predeterminadas como verdade.

Ou seja, filosofia é a arte divina de não aceitar com passividade nada como uma verdade única. É o perturbador da rigidez do concreto.

Pensamentos filosóficos. Para quem gosta, estamos juntos.

Para quem não gosta, sinto muito, existimos para tirar sua paz.

159. VERDADE OU INVERDADE

Uma verdade negada torna-se uma inverdade, pois portas do saber estão sendo lacradas pela recusa de uma possibilidade. Uma inverdade repetida diversas vezes torna-se uma verdade, pela própria crença de uma inverdade. Não negue qualquer verdade, apenas questione e deixe aberta a possibilidade de um novo saber.

160. INFELICIDADES

A infelicidade não possui causa externa, e sim interna, portanto, é uma condição de escolha. Toda e qualquer infelicidade humana está condicionada e vinculada a uma resistência de aceitação de si, da vida, de um todo. Quando ocorre o reconhecimento e aceitação, o conceito de felicidade tende a ficar mais leve, permitindo o seu fluir, dentro do universo interior de cada ser.

161. O QUE É TRAIÇÃO?

O conceito de traição está implícito na condição de confiança entre os elementos envolvidos. Assim, a traição pode acontecer entre amigos, colegas de trabalho ou entre pessoas que têm um relacionamento amoroso. Nesse conceito, gostaria de expor uma reflexão dentro de uma questão: Como avaliar a traição no cerne de um relacionamento amoroso?

Acredito que o conceito de traição, dentro de um relacionamento a dois, tem sua objetividade conforme um acordo verbal, e se faz necessário possuir uma interpretação correta e completa dos acordos, ou seja, muita verbalização.

E dentro dessa faculdade intelectiva e cognoscitiva do ser humano, procurando uma compreensão mais ampla, gostaria de expor uma percepção pessoal sobre esse conceito. Quais os tipos de traição, no campo amoroso do ser?

Traição fixa, ou amante. Traição semifixa, ficante constante.

Traição oportunista, por mero encontro.

Ora, o que diferencia cada uma delas?

A sensação de culpa aliviada, por não bancar a percepção constituída no cerne da traição.

Traição fixa, uma traição em duplicidade de alguém que não aceita ser condicionado a uma condição única de matrimônio, que guarda como desculpa a condição de paixão, mas lhe falta a coragem de bancar uma expansão.

Traição semifixa, uma traição de alguém em condição de paixão perversa, mas que, diferente da traição fixa, não banca essa condição de paixão, por medo de uma culpa mais profunda (condição de castigo).

Traição oportunista, a pior das três, é uma traição de hiperperversidade, porém daquele que não banca nada, nem o que sente e nem seus desejos. Deixando a culpa de sua perversidade condicionada ao campo da fragilidade, chegando ao absurdo do vitimismo, que o torna incapaz de se defender de seus instintos em relação ao outro.

A perversidade do traidor está justamente relacionada à traição em si, algo que joga o ser num extremo prazer do se arriscar!

162. CADÊ A BOLA DE CRISTAL?

Duvidou? Questione.

Não entendeu? Questione.

Não concordou? Questione.

Tem dúvida, não concorda ou não entende?

Questione, questione e questione sempre, até não restarem dúvidas na vida.

O achismo, irmão da dedução, é cárcere solitário e eterno.

O ser humano é um ser inteligente por natureza, a verdade da mentira é uma fantasia que não convence ninguém.

O ego acredita, mas o inconsciente conhece a verdade e trará à realidade todas as suas facetas, até que o ego compreenda o que é real e se livre da fantasia, que lhe foi imposta.

A verdadeira inteligência está no inconsciente, o Ego é burro, hipnotizável, sugestionável e manipulável.

163. COMO SUPERAR TRAUMAS?

Há duas formas de se superar um trauma, seja pela vivência da vida ou por terapia.

A vida traz a oportunidade de superação através da vivência, pela dor empírica, que se repetirá quantas vezes for necessário e de formas diferentes, até que o trauma seja compreendido e superado pelo espírito.

A vida dá outra solução para o ser superar seus traumas, também dolorosos, porém, muito mais suave, através da terapia. No processo terapêutico o ser vivenciará seus traumas pela memória, onde terá a oportunidade de buscar a compreensão e fazer escolhas de vida, compreendendo, se libertando do passado e escolhendo novos caminhos para o futuro, pela abençoada ressignificação.

Essa é a razão intrínseca da vida, experienciar e compreender a vida em si. Os traumas são pequenos acontecimentos, com que o ser não soube lidar ou simplesmente não aceitou, e por medo da repetição dolorida congelará a vida no segmento onde o trauma se instalou.

Como consequência a vida pede repetição constante até descongelar aquela via de conhecimento, seja no presente, no passado ou até mesmo no útero da mãe.

164. A AUTOCONQUISTA

Quais são as maiores conquistas na vida?
Para mim, são as conquistas sobre mim mesma.

165. PROJEÇÕES INSTINTIVAS

Preste atenção!!! A importância que você dá ao outro é a importância que você gostaria de ter e/ou que tivessem por você. O valor que você dá ao outro é o valor que você gostaria de ter e gostaria que dessem a você.

No mesmo sentido, os egoísmos que você vê no outro são o egoísmo que você não vê em si e cobra do outro. Assim como todos os defeitos e valores que você enxerga no mundo e cobra dos outros, à sua volta, são seus.

Ou seja, deixe o outro em paz, pare de projetar seus conteúdos nos outros e comece a ver os valores em si.

166. O QUE É O EQUILÍBRIO?

Equilíbrio real é manter mente, corpo e espírito em plena harmonia.

Porém, isso não quer dizer em paz, e sim numa atividade consciente de si.

A paz em questão é a consequência.

Se faz importante mencionar e pensar: o equilíbrio no planeta Terra não é e nunca será o meio, mas sim algo mais próximo possível do meio.

167. O INCONSCIENTE

O inconsciente é o caos, e no caos também estão as sombras. O verbal tende a organizar os fragmentos inconscientizados, que surgem no consciente através da fala, trazendo compreensão do que foi esquecido e guardado, sem o devido entendimento.

168. CONSUMISMO IMEDIATISTA

Constantemente, estamos apaixonados por algo ou por alguém. Constantemente, estamos desejando algo ou alguém. Nesta era consumista e imediatista temos muitas preocupações externas, muitas obrigações ocupando nossa mente.

Precisamos nos apaixonar mais por nós mesmos. Desejar mais a nós mesmos, nos amar mais. Devemos nos preocupar mais conosco mesmos.

Porém, não no sentido narcisista e egocêntrico do ter, mas no sentido do ser, do cuidar, amar e ver o ser em si, para si e por si.

Cuide-se, ame-se e apaixone-se, só assim poderemos dar algo de bom ao outro.

169. IMAGENS SOMBRIAS

Estamos tão acostumados ao ódio, ao negativo, aos tropeços e decepções da vida, que às vezes, pelo próprio mecanismo natural de defesa, não percebemos o bem-querer ao nosso lado.

A negatividade é sombria e tende a dificultar de se enxergar a luz, pois diante de tamanha névoa espessa a claridade se torna turva.

É preciso calma, atenção e foco, para perceber e distinguir se o que se apresenta à nossa frente é o sombrio se passando por luz, obscurecido pelas sombras, ou a luz sendo ofuscada pelo sombrio.

Sombrio é o homem, que busca na verdade a sabedoria de sua mentira. Engana-se com a face ilusória de uma analogia, justificando o injustificável. Sombria é a vida, que através de eternas batalhas o vencedor é o derrotado e o derrotado é o vencedor. Volta-se do início para iniciar o fim, e assim seguimos como cegos errantes na estrada da vida.

Coitado daquele que ainda acredita que algo vê. Sombrios são os cinco sentidos, que enganam os sentidos do preceptor, daquele que acredita saber, que acredita conhecer pelos seus sentidos. Pobre crença do saber que nada sabe.

Afinal, só se pode acessar o real através do imaterial. Deve-se estar e permanecer com a consciência no real e fugir da fantasia que esconde as imagens sombrias do ser.

170. O ESPELHAMENTO DA ALMA

Quando penso em você, vejo o eu. Quando penso no eu, vejo você. Como é difícil te ver e me reconhecer. Mais difícil ainda é me ver e te reconhecer. Suas questões, minhas questões.

Troca de neuroses, que se entrelaçam numa fantasia do desconhecido, daquilo que não reconhecemos em nós, pela rejeição dos eus escondidos em sombras nebulosas, eus esquecidos e atormentados pelo próprio esquecimento do saber de si, o real e único saber que se pode saber na vida. Imaginários infortúnios da vida; sombras do passado distante, porém presente em aspectos vivos da existência.

Experiências que se repetem, trazem ao ser a oportunidade da reorganização do sabido imaginário, que nos presenteia com a repetição de um aparente acaso, mas que no fatal está sua doce verdade, aguardando sem pressa seu reconhecimento, entendimento e compreensão.

Esse universo de inversões contém em seus opostos extremos a resolução da vida, como se de ponta cabeça estivesse o seu viver, mas que em pé está o seu padecer. Onde na infinitude constituem um finito e no finito a infinitude, se mesclando e confundindo aquele que pensa ver ou que crê saber, mas que confundido pelo avesso não percebe o íntegro, que pelo negativo é encontrada a verdadeira imagem.

171. O CÁRCERE DO NEGATIVO NO NEGATIVO!

Por que será que temos tendência a nos fixar no negativo, no sensacionalismo das mídias? Sendo que sabemos, é no positivo que conquistamos as coisas boas e concretas. Por que será que notícias negativas são mais atrativas do que positivas e instrutivas? Sendo que o mundo está repleto de conhecimentos e acontecimentos bons. Por que será que a desgraça alheia nos traz tanta curiosidade e interese, e a nossa própria desgraça nos traz tantas gargalhadas, diante de um chiste bem-dito?

Existem inúmeros segmentos tentando auxiliar o ser humano a compreender esse efeito catastrófico da negatividade dentro do seu íntimo, que porém, apesar de tanto esforço, a tendência humana retorna ignorando o saber.

Analisando essa questão, penso que talvez o responsável principal seja a frustração, ou melhor, o medo dela. Pois a positividade que nos anima a novas conquistas positivas se defronta com a frustração iminente, por receio do conceito existencial da finitude, que nos aparenta nunca acontecer.

A frustração faz parte da ansiedade existencial, que nos assombra, mas também faz parte da não aceitação da existencialidade do ser, onde o aparente controle de si, da vida e do outro se apontam como fantasia, uma piada ordinária da vida.

Mas, afinal, por que o prazer mórbido do negativo, do que é desgraça a alguém ou a si? Talvez, um prazer inenarrável de presenciar a própria desgraça no outro e sanar a forte dor existencial de se ser o infeliz que se é, regozijando-se na igualdade de infelicidade alheia, como um prazer de vingança. E como toda vingança que se preze, encurralará o ser numa fixação de existência no falso prazer do negativo.

172. UM CRIADOR DA PRÓPRIA EXISTÊNCIA!!!

Tal criação é única no que tange ao ser a escolha de liberar e de se libertar de todo sentido de vitimização, de raiva ou medo e passar a admitir com louvor de si mesmo: eu sou o criador da minha realidade. Portanto, eu assumo a responsabilidade do que está ocorrendo com este AGORA.

Nesse admitir estão os verbos "bancar" e "sustentar" a responsabilidade de se ser quem se é, doa a quem doer!

173. TRATAMENTO TERAPÊUTICO DA ANÁLISE: O QUE É E COMO SE PROCEDE AFINAL?

Muitos me perguntam isso, tentarei aqui explicar com coerência, o que percebo em mim e naquele que auxilio no seu trato psíquico.

O tratamento psicanalítico é um tratamento de um processo lento e gradual, que passa por fases de reconhecimento e recuperação das partes desintegradas e perdidas do eu, que inicialmente se encontrava íntegro. Mas por que tão lento e gradual?

O indivíduo nasce com sua personalidade íntegra, natural e perfeita por natureza. Porém, ele vai se defrontar durante a vida com questões e situações complexas que vão alterar e confundir o seu ser.

Essa perda de si o jogará numa fantasia existencial que o sustentará por décadas, por medo de descobrir sua essência perigosa e maléfica, como lhe foi apresentado pela vida, por diversas questões e circunstâncias, causando no seu ser uma sensação imensa de não pertencimento.

Essa sensação de inadequação jogará o ser no pavor existencial de rejeição e justificará a adoção de fantasias, a fim de se adequar ao meio e ser aceito. Uma confusão generalizada do eu que implicará mais cedo ou mais tarde um desejo existencial de fuga de si. Uma forma desesperadora do espírito em se reencontrar, causando para si transtornos físicos ou psíquicos.

Afinal, na natureza a doença é o milagre da vida, pois direciona o ser ao socorro de si mesmo. O ser psíquico adoece pela perda de conexão de seu propósito com a realização, quanto mais distante de seu propósito inicial, maior a sensação de perda de si mesmo, maior o índice de adoecimentos físico e psíquico.

A análise é um tratamento que tem por objetivo auxiliar o ser em resgatar o ser do eu. Porém, quanto mais distante de casa estamos, maior a demora será para o retorno. Ainda mais se o tempo de distanciamento for muito longo e em consequência nos levou ao esquecimento do caminho percorrido. Nesse processo, às vezes podemos nos perder e o caminho de volta ser ainda maior do que foi o da ida.

Fases do processo analítico:

1ª – Reconhecimento de seu eu, como universo, descobrimento existencial;

2ª – Compreensão e aceitação de si e da vida que o rodeia;

3ª – Limpeza existencial, separação do joio e do trigo, reintegração de posse existencial.

4ª – Tomada de consciência, posse de seus potenciais, desafios e propósitos.

5ª – Respeito por si e da vida, respeito e autopermissão pela individualização do espírito. Autocontrole e sustentabilidade existencial de si, perante si e para com qualquer outro, como ser vivente em transição entre vidas. Tomada de poder.

174. O MOVIMENTO É DE CONEXÃO!!!

"O que está em cima é o que está embaixo e vice-versa. Assim como o que está dentro é o que está fora e vice-versa." (Cabalion)

175. AMO MUITO TUDO ISSO!!!

A vida é feita de momentos bons e ruins. É feita de alegrias e frustrações. É feita de prazeres e desprazeres. É feita de obrigações e fanfarras.

Enfim, isso é a vida, a questão não é viver a vida, e sim saber vivê-la sem excessos, em nenhum dos opostos. Ambos são maravilhosos, seja com sorrisos, seja com lágrimas profundas. Ambos só trarão experiências, sempre boas pelo seu aprendizado para o espírito.

176. POR QUE O SER PRECISA DE TERAPIA?

Para parar de se autodestruir.

Para parar de se autossabotar.

Para parar de se autopunir.

Medo, insegurança, agressividade, atos sem pensar e impulsos desmedidos, quando em excesso e descontrolados, tendem a colocar o indivíduo em risco existencial. O controle de si e escolhas conscientes na vida só ocorrerão através de um conhecimento de si.

Enfim, por que precisamos de terapia?

Para nos proteger de nós mesmos, nosso maior inimigo!

177. QUEM DISSE QUE SOMOS OBRIGADOS A GOSTAR DE ALGUÉM?

Seu pai, sua mãe, a sociedade? Um dia, no passado, bem no passado, nas bases de nossa existência, nos obrigaram a gostar de pessoas de que na verdade não queríamos gostar, justamente por não nos sentirmos gostados ou simplesmente por uma antipatia nata.

Muitas vezes, fomos agredidos por aqueles que amávamos, só porque não queríamos amar aqueles que eles amavam. Fomos castigados, chamados de malcriados, egoístas, e tantas outras coisas, só porque não respeitaram nossas escolhas de amar.

O que as pessoas, os adultos, não compreendem é que não se pode obrigar alguém a gostar ou amar algo ou alguém só porque outrem o quer.

O que precisamos e temos de entender e compreender é que ninguém é obrigado a amar ou gostar. E sim que para vivermos em sociedade precisamos e temos é de respeitar alguém ou algo de alguém.

Afinal, o gostar e o amar são sentimentos que se conquistam, não se impõem e não se compram. São individuais e pessoais, internos ao coração. E isso se estende aos preconceituosos, que se defendem do sentimento de gostar e agridem as demais pessoas porque na verdade não aprenderam que não são obrigados a amar, e sim, apenas, respeitar, pois o outro não é ele e nunca será!

178. IMPORTÂNCIA MALÉFICA

Ei!!! Pera aí. Pessoas muito críticas, se ouvidas, atrapalham a vida dos outros.

Darás tanta importância, sofrerás tanto, mas se olhares de perto, verás que não é tudo isso! Quanto de importância, na vida do outro, precisamos sentir que importantes seremos, para então nos sentirmos parte importante da nossa vida?

179. A DESCULPA DE UMA MORTE

A morte só precisa de uma desculpa, para se tornar realidade.

180. IDENTIDADE, INDIVIDUAL E INDIVISÍVEL

Tenho medo daquele que perde a identidade por mim, porque depois vai achar que devo perder minha identidade por ele.

181. ESCOLHA FATÍDICA

Se a vida é feita de escolhas, significa que somos o que escolhemos? Então, escolhemos coisas boas e coisas ruins, pois a vida é feita de positivo e negativo.

Por que escolhemos carregar o peso maior na dor e no sofrimento então, se o prazer e o amor são sentimentos mais elevados? Por que escolhemos atrair para nós pessoas ou situações que nos limitam e nos fazem sofrer?

Por que nos envolvemos em situações constrangedoras e às vezes humilhantes, que tiram nossa estabilidade emocional e controle da mente? O que buscamos, sanar a dor da alma? Nos punir ou nos purificar?

Será que após uma experiência ruim, onde erramos, enfiamos literalmente o pé na jaca, precisamos de punições consecutivas de expiações constantes? Qual o limite de nossa punição de alma? O que é mesmo a felicidade? O que é ter paz de espírito?

Questões importantes de um pecador, qual o limite dos castigos de um cárcere, perante uma condenação iminente na alma? Por que a Alma escolhe o sofrimento eterno do inferno astral ao invés de escolher o amor pelo amor, ou seja, por que não se punir pelo amor, prestando serviço do mal feito e executando o bem?

Como no filme do cineasta britânico Richard Attenborough, onde um hindu está arrependido e temendo ir para o inferno, por ter matado crianças muçulmanas, por vingança e ódio, pela dor da filha assassinada pelos muçulmanos. Diante de Gandhi recebeu a seguinte condenação: "Vá, adote uma criança muçulmana e a eduque como muçulmana e pagará um pouco de sua dívida".

Qual condenação seria a mais louvável, pagar o mal com o mal, prisão perpétua ou o mal com o bem, pelo trabalho do amor, que na verdade é uma outra forma de condenação?

182. BEM OU MAL?

Não existe um mal que seja totalmente mal ou um bem que seja totalmente bem. Tudo que estiver nos extremos torna-se um mal em si.

183. TUDO QUE É NEGADO É SEPULTADO

Porém, a concordância que leva à verdade leva igualmente a um sepultamento. O ideal está no talvez, que deixará sempre aberta uma possibilidade para um renascimento.

A vida que nasce, nasce sempre de dois talvez, nunca de uma certeza, pois se a certeza reinasse em um dos opostos a possibilidade de uma nova verdade não aconteceria.

184. QUAL A FRASE QUE EU MAIS GOSTO?

"Sem pressa de ser, fiz."

E assim eu vou vivendo a vida. Vou degustando o amargor da vida. Vou degustando o doce anis da vida, sem a mínima pressa de ser feliz.

Ah! Sem pressa de ser feliz!

Aí está a sensatez da palavra. Afinal por que pressa, pressa para o quê? Aonde pretendemos chegar, se o fim já o conhecemos?

A vida é passageira, já se diz na palavra, mas do que é feita a vida mesmo? Senão de sentimentos, sensações e emoções, ou seja, experiências vividas.

Experiências do espírito que vive a vida, por vidas e em vidas na vida vivida. Espíritos em uma experiência humana. Humanos encarnados, na carne da vida.

A pressa é inimiga da perfeição. Para qualquer experiência em laboratório há de se ter paciência e atenção. Por que com a vida se faria diferente?

Sem pressa de ser feliz, vou amando. Sem pressa de ser infeliz, vou experienciando. Sem pressa de ser feliz, vou chorando. Cada passo, cada frase, cada sensação em seu tempo.

Vida após vida vou caminhando. Esperando o momento do esplendor. O grande esplendor da vida do norte. A viagem, a passagem, o norte da vida. A vida no norte da vida que finda na morte.

Morte física e carnal, mas que não leva a vida. A vida da experiência da vida. Que na vida segue sem pressa, experienciando a vida fora da vida! Que vive uma nova vida, sem a pressa de ser feliz!

185. SOU RESPONSÁVEL PELO QUE EU DIGO E NÃO PELO QUE VOCÊ ESCUTA

Não tem certeza do sentido das palavras ouvidas, pergunta. Comunicação é nossa maior bênção.

186. SOMATIZAÇÃO

A dor emocional é muito mais dolorosa do que uma dor física. A prova disso é que a dor emocional leva o ser à loucura ou ao suicídio, enquanto que a dor física não.

Por esse contexto fica fácil perceber por que as pessoas tendem a desenvolver doenças somáticas graves e que por vezes se autossabotam, dificultando a própria cura.

187. UM REFLEXO SOCIAL

Não existem pessoas feias, existem pessoas com baixa autoestima.

188. ESQUECIMENTO, AUTODEFESA DA DOR

É muito fácil perder-se de si mesmo, quando a lembrança do eu se torna indesejável, por uma lembrança condenável e inaceitável.

Fácil esquecer, desmemoriar para não lembrar. Difícil será resgatar o lembrar de algo que se qualificou antecipadamente no não lembrar. A ordem enviada ao inconsciente não distingue desejos, ordem é ordem.

189. AMAR É PRECISO

O amor é o sentimento mais nobre que existe, só por ele pode-se chegar às trevas, assim como só por ele se pode chegar à luz.

O amor é o oposto do ódio, polaridades diferentes, porém de intensidade semelhante. Um depende do outro para existir e são intrínsecos dos sentimentos humanos.

Não há como fugir dessa energia, por isso o ideal seria não amar demais, para não se odiar demais.

190. POR QUE UMA ANÁLISE BEM-FEITA FAZ MUDANÇA NO SER?

Porque o indivíduo passa a se conhecer e se conhecendo passa a compreender seus mundos, interior e exterior.

A partir desse ponto o eu se fortalece, por saber o que é e por que é, não precisando mais provar algo ou se culpar pelo que é.

O ser passa a assumir seu verdadeiro eu, com autoestima, aceitação e personalidade. Essa é a real grandeza do sentido da terapia.

191. COMO LIDAR COM A INVEJA?

Essa é a pergunta que faço às pessoas, e a resposta que vem: "Imagina, sou uma pessoa do bem, eu não tenho inveja". Imagina só, digo eu, todo ser humano tem inveja, basta olhar o comportamento de uma criança pequena. Há um ser mais invejoso e egoísta do que esses serzinhos?

Na verdade, a inveja é um dos sentimentos inerentes ao ser humano, a questão não é a inveja em si, mas sim o quanto se é ou deixa de ser invejoso. Ora, o ser humano é invejoso por natureza, sim, basta observar qualquer criança para perceber a essência do egoísmo e da inveja, é intrínseco ao nosso ser.

A questão é reconhecer em si a própria inveja, para poder aprender a lidar com ela e deixar de sofrer ou fazer sofrer as demais pessoas, que convivem com alguém que possui um sentimento tão nocivo como esse, que destrói e autodestrói.

Freud nos falou sobre a inveja do pênis, conceito que causou muitas críticas pelo universo feminino. Concordo totalmente com esse conceito, vi isso na minha infância e, confesso, vejo na atualidade. Porém, amplio esse conceito ao ser humano. O homem também tem inveja da vagina.

Mas entenda bem, quando falamos de uma inveja do sexo oposto, não estamos falando de troca de gênero, e sim da inveja da energia oposta, a energia feminina ou masculina, que provavelmente está carente em nós e desejamos no outro.

A paixão pode estar envolvida nesse contexto, pois, quando nos apaixonamos, nos apaixonamos pelo que o outro tem, que para nós representa uma riqueza, mas após o convívio e percebendo que nada mudou, vem a frustração e a paixão perde seu encanto.

192. A VIDA

A vida segue seu rumo, não pede licença. Passa e atravessa seus limites, segue em busca de seu propósito. Coitado daquele que acredita ser dono do saber da vida. Acredita ser dono do destino da vida, acredita saber o que não se sabe.

Feliz daquele que deixa a vida se levar, que acredita em desacreditar. Feliz daquele que não julga e não espera, que se coloca à mercê da vida.

Vida é a vida daquela e dessa vida. A vida que nos ensina a viver, a soltar as amarras do saber. É a vida de toda vida e por toda a vida.

Vida da vida que vive a vida, numa simplicidade de vida, onde vive a felicidade de viver a vida, sem o tormento da disciplina de uma vida.

Viva a vida vivendo a vida, sem dogmas ou neuroses, que escravizam a vida da vida, de quem ama viver a vida pela vida. Uma vida viva, e não uma vida sem vida.

193. PEQUENOS ESTUPROS, VIOLÊNCIAS VELADAS

Abusos e desrespeitos, assim é feita a vida. Assim é a mente agressiva humana. Sexo humano, exemplar de vida e morte, felicidades e dores profundas na alma. Assim é feita a vida, assim é a mente agressiva humana.

Mulher, a vítima direta do homem. Casada, solteira, enrolada, a eterna abusada. Não importa como, a violação é permanente. O ego não deixa ver, não percebe o vilão.

Hoje disseminada a questão, libertada a mulher, agora é questão humana. Sem gênero, raça ou etnia, a questão agora é questão do respeito. Abuso sexual, agressividade desmedida, fim de era, fim de desculpas.

Beijo forçado agora também é crime. Sexo é sexo, igual para todo ser humano. Desejo é desejo, permitido a todos. Fim da hipocrisia, fim da mediocridade. Fim da falsidade, mentira desmedida. Falta de caráter, agora é crime inafiançável.

O amor e o ódio, que até hoje se confundiam num entrelaçar de vergonha e falsidade, por ego inflamado. Nesta nova era hão de ser reconhecidos, respeitados e vivenciados em sua plena autenticidade, na verdade plena do ser, sem sombras ou máscaras.

194. PEÇA E RECEBERÁS!!!

Meu destino a Deus pertence, seja o Deus das religiões ou do Eu interior. Seja por escolhas do passado ou cármicas. Destino é destino, há de ser cumprido.

Minhas escolhas a mim pertencem, é preciso se definir o que se quer. É preciso trabalho e dedicação, pois o Eu entenderá e executará.

Sou eu o projetor, o engenheiro e o arquiteto da estrada a percorrer pela vida. O destino já se sabe, mesmo inconscientemente. O caminho há de se escolher, com zelo e presteza assertiva, pois a vida não espera.

A vida é justa e implacável. Se não se escolhe o caminho, a vida há de ser escolhida por você e executada conforme as diretrizes recebidas pelo inconsciente.

195. ATORMENTADOS

Os tormentos existem. Eu te atormento, pelos mesmos tormentos que me atormentam. Se me livrar desses tormentos, te livrarei dos meus tormentos. Se te livrar dos meus tormentos, espero estar livre dos seus tormentos.

Há quem exija que a gente absorva e que resolva os tormentos alheios, como se fossem responsabilidade nossa. Mas espero ter aprendido a lição com meus tormentos, a não absorver os tormentos de ninguém e não passar os meus adiante.

156

Pois os tormentos são tormentos particulares e individuais de cada ser. Não merecem compartilhamentos ou associações, de espécie alguma.

196. BUSCA DO SABER

Estude bastante, o suficiente para ampliar seu entendimento e conhecimento, mas não estude muito, para não limitar sua sabedoria.

197. UMA HISTÓRIA VERDADEIRA TEM A CURA

Porque a história tem de ser contada, mas não a história criada, e sim a história real. Aquela que só o inconsciente reconhece, pois a dor não deixa a mente consciente ver, mas que vive e pulsa dentro da alma e enquanto não for dita como realmente é não dará descanso ao espírito.

198. A MENTE PEDE LUZ

Cuidado com a negação, tudo que se nega fecha portas. Tudo que é aceito como verdade também fecha portas. As portas do conhecimento só estarão abertas mediante a aceitação das possibilidades.

Talvez sim, talvez não. Isso sim te faz olhar e observar, buscar algo que desconhece. Fique atento! Quando a escolha de uma decisão fica muito difícil, é muito comum terceirizarmos a decisão. A mente passa para o corpo a responsabilidade da decisão de uma questão. Porém o corpo não pensa, só age e aceitará a ordem sem avaliar os prejuízos.

Uma fratura, um mal-estar, um ataque de pânico, uma doença, às vezes se tornando até incurável, ou seja, o tão conhecido autossabotamento.

É preciso conhecer-se, não apenas o que você e todos já conhecem, mas conhecer profundamente seus pensamentos, desejos, medos e traumas.

É preciso enfrentar seus demônios, para não ser dominado por eles, para não se acovardar e entregar seus talentos e potenciais àquele que não os usará com sabedoria, mesmo que esse alguém seja você mesmo, mas de modo inconsciente. E que executará suas ordens sem mesmo compreender o porquê.

199. A LUZ POR UMA REALIDADE TREVOSA

Você me diz que sou luz, eu digo que sou trevas. Luz ou trevas, bem ou mal. O que denota a diferença?

Quando diz que sou luz, que expectativas estarão por trás? Quando afirmo que sou trevas, trago uma realidade existencial.

Ora, nem luz e nem trevas. Afinal, luz é luz por ausência das trevas. Trevas são trevas por ausência da luz. Deus me livre de seus opostos.

Sou luz e sou trevas. Sou bem e sou mal. Sou o que se julgou que sou. Sou o que se condenou que sou.

Na verdade, a resolução dessa equação depende da posição do observador, do ângulo do analisador.

Que, por ironia da verdade, a verdade quase nada representa verdade, é apenas mera opinião do julgador, sem a verdade, que pensa ser verdadeiro.

200. ETERNO ARDOR, QUE PURIFICA E EDIFICA!

Dor que dói na alma, que sufoca o pensamento. Ar escasso, ideia destrutiva, limítrofe espacial, de um controle desmedido.

A terra que fixa, que resiste, estagna o sentimento errante, de um fogo que arde a queimar, que seca o olhar que deseja, daquilo que não se ousa falar.

De um mar que teima em banhar a face, que limpa o limo esquecido, que faz emergir o amargor da dor. A dor que resgata a essência do amor.

Bendita dor, que seja dor, que traz às margens o sentimento vil. Que desenterrar defunto apodrecido, esquecido por medo do ardor.

201. INFERNO, ALEGORIA INTERESSANTE

De onde viemos, para onde iremos? Por que tanto medo, o que tememos? Demônios, sinônimo do mal. Mas que mal é esse, o do outro ou o nosso?

Anjos, nossa fantasia nos compadece, quanto aos Demônios, nos condena. Mas quem criou isso? Por que temer algo que desconhecemos?

Tememos a Deus ou ao diabo? As religiões nos fizeram temer a Deus e nos apavorar perante o diabo. Afinal, quem detém o bem ou o mal?

O inferno com certeza todos conhecem, já o céu, quem poderá testemunhar conhecer? A fantasia está em se considerar anjo. O verdadeiro inferno astral está no pavor de se ser descoberto demônio.

Pobres demônios que somos, renegamos nossa essência perversa e amargamos a dor da busca da perfeição. Perfeição maldita que nunca existiu e nunca existirá, é justamente onde reside nosso verdadeiro estado infernal.

202. MORTE, UMA QUESTÃO FANTASMAGÓRICA

Qual o nosso maior temor? A morte? Também, porém o maior temor humano é na verdade a ideia do inferno! Mas a questão é: Por que temê-lo? Já pensou nisso?

Só tememos o que já conhecemos, por experiências vividas. Podemos não lembrar, devido a um trauma, mas sabemos no inconsciente o que está lá!

É como alguém que esqueceu de um acidente de trânsito vivido e, no entanto, mesmo assim, treme só de pensar em pegar novamente um volante de carro.

Por que isso acontece? Ora, porque já conhecemos a experiência dolorosa e como mecanismo de defesa tendemos a evitar a repetição, pois tememos retornar a viver algo desagradável, tão torturante.

Talvez essa seja a nossa maior verdade sobre o medo da morte, que nos causa tanta dor na alma, a verdade do inferno, que não deixa de ser uma alegoria fantasiosa enviada ao nosso inconsciente como verdade divina.

Daí a força da religião, que há milênios angaria seus cordeiros com a promessa do céu, do paraíso e da salvação. Mas salvação do que mesmo?

Tememos o demônio, mais que a morte, por nossos variados pecados e voamos à igreja em busca da redenção, de salvação, por nossos pecados, não é mesmo?

Mas o que é mesmo o pecado? Tantos são eles que caímos na rede do inferno, sem a mínima chance de escapar.

Por que Deus nos daria tantos pecados, tantas tentações, fazendo com que a nossa trajetória na terra se tornasse uma missão impossível?

Será mesmo que o céu e o inferno existem? Ou é só nossa mente produzindo justificativa para nossas culpas, misérias humanas, excessos e egoísmos desmedidos?

A verdade é que a humanidade é má e perversa por natureza, ou pelo menos é esta humanidade que reside aqui na terra e que com toda certeza precisa de freios, de consciência.

Mas, ao invés de buscar isso, prefere o caminho mais fácil, o da penitência religiosa, que não tem escrúpulos em castigar. E aquele que a um grupo religioso pertencer acha-se salvo e condena seu semelhante a punições extremas, com ameaças infernais, se colocando igualmente na chamada perdição eterna!

Como disse Nietzsche, Jesus foi o único cristão na terra e este morreu na cruz, pois foi o único a pregar o amor, sem ameaças e condenações. Pedindo apenas que amássemos ao pai, a nós mesmos e aos outros, apenas e unicamente exercer o ato de amar.

Suas curas e seus milagres só nos mostraram que somos os responsáveis e únicos causadores das nossas doenças e infortúnios, por nossa culpa, quando afirmava, "vá e não peques mais".

Mas o que é mesmo o pecado? A meu ver é apenas o excesso humano. Consciência é a busca do equilíbrio, nem tão anjo e nem tão demônio. Apenas um ser humano disposto a aprender a amar!!!

Mas o que é mesmo amar? Algo a aprender longe das concepções religiosas e sociais. Padrões de fantasias e crenças infundadas que só causam dor e sofrimento.

Assim concluo, não tememos e sofremos pela morte, mas sim pelo conceito de inferno ou o que ele representa. E você pode me perguntar, então por que nos suicidamos?

Nos suicidamos quando deixamos de temer o sofrimento do inferno após a morte, por reconhecer uma dor maior, a do nosso inferno interior e aceitamos o nosso inferno real, perdendo assim a esperança no Eu divino interior e na vida.

É quando a dor vence o medo! Não tememos a morte, tememos o nosso inferno interior. Nossa maior verdade existencial!!!

203. DÚVIDA BENDITA

Cadê a dúvida, sagrada dúvida, que não se cansa de mostrar toda essa incapacidade de compreensão do mundo?

Cadê a vida, que não traz respostas aos corações em desespero e deixa essas dúvidas livres a brincarem e se divertirem com os ingênuos infelizes.

O Universo gira, é impiedoso, não escuta as súplicas angustiadas, não para de girar, não espera ao acalanto do nosso olhar.

Gira mundo gira, leva consigo os movimentos perdidos. Leva consigo todas as memórias esquecidas, boas e ruins.

Traga o novo, aquele que envolve a vida de luz e esperança. Aquele que trará a razão do bem viver e, em seu movimento sutil e brando, trará aquilo que precisa ser conquistado, aquilo que não precisa de respostas ou de ser compreendido.

204. FACETAS DE UMA VERDADE

Verdades são facetas, facetas de uma das verdades. Mentiras são desejos de verdades, que jamais serão verdadeiros, devido à fantasia iminente da mentira.

Como saber a verdadeira verdade? Por que buscá-la se já a conhecemos na sua incongruência íntegra de existência? Por que buscar a ilusão, se sabemos de sua mentira?

Escolhemos a mentira para nos defender da verdade de um sofrimento, sem saber que na verdade a mentira é a maior razão de nosso sofrimento, e não a verdade.

Fugimos, nos escondemos, mentimos para nós mesmos. Descobrimos o infortúnio da ilusão, quando triscamos na realidade de nossa fantasia. Sofremos por nossa mais íntima mentira e nos afundamos para defender nossa escuridão.

Não percebemos que a felicidade está justamente ali, nas verdadeiras facetas de nossa verdade, nas verdadeiras facetas que agora retêm nossa escuridão. Escuridão bendita da nossa fantasia, o nosso cárcere de nós mesmos.

Mais cedo ou mais tarde a Alma grita por luz, a luz bendita de nossa alma, a luz que trará a verdade das trevas, seja por amor ou por sangue. Mas que trará das trevas da alma a luz da vida, a luz da verdade de si, para si e por si mesmo.

205. BUSQUE E ENCONTRARÁS

Um dia me vi triste, sem esperança. Um dia me vi doente, sem forças. Um dia me vi quase morta, entregue.

Mas um dia, num grande dia, me vi buscando a vida, buscando luz. Compreendi minhas escolhas, minhas crenças e meus desafetos.

Descobri minhas fantasias e ilusões. Compreendi minhas autossabotagens, desamor de mim mesma, meu abandono, e como foi triste, frustrante, desanimador.

Mas me senti orgulhosa de mim mesma, da coragem, da vontade de ir em frente, mais e mais. Me desvelar, me descobrir, me entender. Descobrir meu paraíso interior. Descobrir e revelar minha potência!!!

O que me destrói também me fortalece, o fim último mostra o conhecimento, a sabedoria do caminho de volta. Isso é libertador!!!

206. ACREDITE SE QUISER

Eu falo sobre o que acredito ou falo para que você acredite no que eu acredito, no que digo acreditar?

207. A DERROTA É A VITÓRIA OU A VITÓRIA É UMA DERROTA?

Quando perdemos aprendemos com a dor da perda; enquanto, quando ganhamos, tememos amargamente perder o prazer da vitória.

A derrota nos familiariza com a dor do sentimento de humilhação, enquanto a vitória nos familiariza com o prazer do sentimento da vaidade, da arrogância.

Afinal, a vida se inicia na humilhação, na pequenez, na máxima da impotência e ignorância de tudo, crescemos desejando ser os melhores e nos superar em tudo.

Porém, quando falamos de superação, não estamos preocupados em nos superar, e sim em superar o outro. Evitamos nossa humilhação, nos esforçando para humilhar o outro. Buscamos superar nossa impotência existencial, mostrando a impotência do outro perante a nossa grandeza.

Um cárcere fatídico, neste mundo nada está no meio, tudo é polaridade. Quem acredita no eterno, no supremo, está numa falácia existencial, irá se enganar e se perder de si mesmo, nosso maior temor inconsciente.

Vida e morte, céu e inferno, luz e trevas, alto e baixo, prazer e desprazer, felicidade e tristeza. Tudo é inconstante, tudo é mutante. É o fluxo de energia que não para. O que está em cima, está embaixo. É o fluxo energético atuando.

Fui derrotada, pois nasci no não saber. Cresci no não entendendo e na dor compreendi. Entendi que, por viver num mundo vibratório e inconstante, a única sabedoria está em se saber que nada se sabe, assim como a única vitória está em se saber conviver com a derrota, pois ela também é vibratória e inconstante.

208. EM BUSCA DO ELO PERDIDO

Na simplicidade da alma surge o inesperado, o imantado, o aglutinado, que grita por liberdade, por individualidade. Que não pode fugir, pois cedo ou tarde terá de abandonar tudo, terá de iniciar sua busca de sua essência divina.

O ser pode se submeter a uma fantasia qualquer, pode se dispor à vida de outrem, em busca do eu, mas não encontrará nada de si, não encontrará nada do outro. Só encontrará fantasia, sem limite de si mesmo.

A alma está só e perdida, precisa de luz, de brilho, precisa de amor e conforto. Porém, o único que pode dar tudo isso à alma é o próprio ser vivente da alma. Precisa se encontrar e se amar, precisa se espiritualizar e se enamorar.

Precisa ir em busca de si mesmo, de sua identidade, de sua individualidade. Essa busca será como nas profundezas de um rio, onde residem águas cristalinas de conhecimento e paz, mas que, porém, também é onde se escondem segredos de riquezas incalculáveis, esquecidos e menosprezados pelo próprio ser em negação.

É preciso um resgate, resgatar histórias vividas e distorcidas da própria realidade, falácia da vida existencial. É preciso coragem para enfrentar o monstro do orgulho, da vaidade, do reconhecimento das inúmeras investidas contra si, em prol da aceitação de alguém que não é o Eu. O maior erro que um ser pode cometer contra si mesmo.

É de suma importância para o ser assumir suas mazelas, para que no final não se torne refém delas.

209. REFLEXOS DE INVERSÃO

Mostre-me a minha falta de importância e eu conhecerei o tamanho do meu valor.

210. VIDA DOMINANTE

O que te move, a vida, o prazer ou a vingança? Ou a vingança é o prazer que move sua vida?

211. ECLETISMO OU IDIOTISMO?

Ouvi de um amigo a seguinte frase: "Pessoas que se consideram ecléticas são pessoas idiotas e sem personalidade!".

Ora, me considero muito eclética e não me vejo como um ser idiota e sem personalidade, pelo contrário...

Bem, idiota talvez, pois julgo ser uma bênção se ser um pouco idiota na vida, agora sem personalidade... será?

Pensei, pensei, pensei e concluí. "Talvez as pessoas que são consideradas ecléticas sejam pessoas que não gostam de ver a vida com Ponto-Final. Preferem ver a vida por vírgulas ou ponto e vírgula, ou talvez por reticências...". Pelo menos é como eu vejo...

212. FÉ, UMA EXPRESSÃO RELIGIOSA, MAS O QUE É TER FÉ?

Ter fé é crer e crer é acreditar. Ora, e o que é acreditar? Acreditar é pôr energia em algo, como uma verdade incontestável. É pensar em algo como certo. Ou seja, como o pensamento é energia e tem a capacidade de se concretizar, pode tornar-se real, matéria.

Então ter fé não tem só a ver com religião, com acreditar em Deus, tem também a ver com pôr energia em algo, acreditar e enviar ao universo uma mensagem, que pode ser positiva ou negativa e tem o poder de se concretizar em nossas vidas, através de nossas mentes. Como diz a palavra: "Se Maomé não vai à montanha, a montanha vem até Maomé".

213. O QUE É SER PSICANALISTA?

Certamente, não é ser alguém resolvido emocionalmente, como pensam, mas é ser alguém que fez muita terapia e já se conhece o suficiente para conhecer suas sombras e lidar melhor com seus conteúdos mal resolvidos, dissipando transferências e projeções do dia a dia.

Não é ser autossuficiente, mas ser suficientemente mais preparado para lidar com suas ausências e carências, por conhecê-las e já ter trabalhado os seus porquês.

Não é ser alguém sem problemas, mas ser alguém que os enfrenta de cara limpa, sem medo do confronto iminente, por já ter percebido que é a única forma de se seguir pela estrada da vida.

Ser psicanalista é ser um ser humano que sofre com a vida e com o porquê das coisas da vida, é ser alguém que se importa consigo e com o outro.

Ser psicanalista é aprender com a arte do ouvir para decifrar o sentir e realizar o porvir, tendo a certeza da necessidade pessoal e individual, do exercer a palavra para se alcançar o verdadeiro saber.

214. VIDA E MORTE, O ESPLENDOR DA EXISTÊNCIA

Nascimento e morte são as duas magias esplêndidas de Deus. Ora você está em um local/corpo, ora você está em outro.

Das duas magias de Deus, a morte é a mais incrível, por ser imprevisível e enigmática, nunca sabemos a hora de partir.

A magia da morte possui a realidade da vida. A justiça divina da igualdade. A consciência das sete leis herméticas.

Através da morte recuperamos a vida. Através da morte faremos a transmutação. A transmutação das nossas verdades. A transmutação das nossas mentiras.

Para só então podermos vivenciar uma vida real, purgada dos conceitos errôneos que representavam nossa verdade.

215. DESÍGNIOS DA VIDA

Existem dois motivos para se estar vivo. Por vontade própria ou por obrigação. Ambos nos conduzem ao fim último. Porém, quando escolhemos estar vivos, escolhemos o aprendizado até o fim.

A questão está na obrigação, onde não aceitamos os desígnios da vida e da morte e fazemos resistência por ignorância da verdadeira razão do viver. Daí o suicídio, a não aceitação dos desígnios da vida.

O suicídio está muito ligado à depressão, por ambas serem uma desistência da vida, desistência do viver, por não aceitação, resistência existencial; a vida é o que é.

O ser vive a vida a querer mudar a vida. Porém, a vida tem suas leis e princípios. Alguns mutáveis, alguns não. É preciso aceitar a experiência como é.

"Concedei-nos, Senhor, a serenidade necessária para aceitar as coisas que não podemos modificar, coragem para modificar aquelas que podemos e sabedoria para distinguirmos umas das outras." (Reinhold Niebuhr)

216. A PRINCIPAL QUESTÃO É...

Como viver o presente em paz se tememos o futuro, por causa de um passado traumático, que nosso inconsciente nos fez esquecer, para nos proteger da dor, se tornando um fantasma em nossas vidas.

Nossa existência é feita de pequenos, médios e grandes traumas, onde nem sempre o esquecimento é o esquecimento dos grandes traumas. Na verdade, o esquecimento independe do valor do trauma, mas sim do peso da dor da lembrança!

217. SOMOS UM PROJETO DA EXPECTATIVA DO OUTRO

Realizamos em nós o que nos fizeram acreditar ser, como verdade. Viveremos por longo tempo a vida que o outro nos apresentou. Até que a infelicidade nos sacode e exige reparação, pela falta da própria existência.

O ser precisa ser. Precisa da autonomia de sua alma. Precisa se enxergar como indivíduo e com individualidade, assumir seu poder de ser quem realmente é. Pois um dia esse ser perdeu sua essência por acreditar ser má, por imaturidade individual e social.

Se o ser quiser realmente crescer... como criança, precisa reconhecer e aceitar sua dádiva de alma, para só então aprender, assumindo as responsabilidades, a caminhar sozinho sendo quem se é por essência!

218. AOS CONTROLADORES DE PLANTÃO

Antes de tentar controlar o outro, aprenda a se conhecer e se controlar! Tentar controlar o outro sem a experiência plena de si só gera dor e sofrimento, para ambas as partes.

219. GENTE É GENTE DA GENTE!

Adoro gente, gente inteligente. Gente que gosta de gente, de várias gentes. Que gosta de gente gorda, gente magra, gente escura e gente clara.

Gente que gosta de gente, independentemente de como a gente é ou do que quer que a gente deseje ser.

Gente que gosta de gente, só por ser gente, gente homo, gente hétero, gente que gosta de gente, como a que a gente é, como a que a gente deseja ser.

Gosto de gente verdadeira, gente sem hipocrisia, gente que enfrenta gente, para amar a gente.

Gosto de gente inteligente, gente sem preconceito, gente sem pre-julgamento, gente que gosta de gente. Adoro gente que adora gente. Independentemente de como a gente é!

220. VALORES OPOSTOS

Mostre o meu valor, meu significado, sua admiração por mim e irei avaliar e reavaliar a intenção sincera sobre o que vê em mim.

Agora, mostre seu desafeto por mim, minha pouca importância, minha insignificância e terei a certeza do excesso de valor real que exerce em sua vida, que tenta disfarçar.

221. ESCRAVIDÃO EXISTENCIAL

Um dia, a humanidade resolveu escravizar o sexo, a sensualidade, a liberdade de escolha do amar. Resolveram ocultar a alegria, o sorriso, a dança e como consequência obscureceram o amor.

Um dia, por uma fantasia insana nomeada de demônio, caçaram, queimaram, destruíram. A humanidade teve medo do porvir, se viu intimidada pelas próprias escolhas de vida.

Um dia, o mal foi apresentado como bem, o bem foi visto como mal e as inversões de valores afastaram o ser humano de sua essência. Se fizeram presentes maldades, fabricadas pela própria insanidade humana.

Orgulho, vaidade e arrogância passaram a ser exercidos como bons valores morais e a ética ficou subjugada como de pouco valor. A inveja e o egoísmo passaram a ser vistos como maleficências do caráter humano, obscurecendo sua essência divina de si.

Assim se desenvolveu a humanidade, ora elevando uma espiritualidade politeísta, ora monoteísta, ora divinalista, ora universalista. Mas sempre desejando estar no lugar de uma autoridade, jamais alcançável em vida encarnada. Sempre, o ser humano tentando se tornar deus, em nome de Deus.

Quando subjugam o ser com conceitos sexuais e/ou religiosos, subjugam sua inteligência, sua liberdade de escolha. Subjugados por acreditar em subjugar o outro e na verdade acreditamos numa falácia. Pois julgamos numa via sem saída, onde o que vai volta e vice-versa.

Hoje vivenciamos a libertação de tais conceitos aprisionados há séculos. E vivenciamos o temor daqueles que não sabem viver sem o terror das punições e preferem resistir e permanecer no seu cárcere, sentir a tortura em suas entranhas, apertando, sangrando e estripando seus órgãos genitais, para suprir o desejo proibido de suas almas, por medo de uma condenação de Deus.

Ora, Deus é amor, é luz, é alegria, é paixão, jamais dor, ressentimento e tortura física ou psicológica. Deus é bondade e compaixão. Deus é sexo puro e honrado.

Deus é orgulho, vaidade, egoísmo, arrogância, porém em equilíbrio, pois tudo isso faz parte de nossa essência divina. O desequilíbrio dessas qualidades humanas é provindo de condições sociais que pretendem escravizar as almas humanas numa falácia espiritual, causando o desequilíbrio psíquico por culpa.

Perceba, Jesus é o grande mestre, espiritualizado, único e puro, jamais agiu ou condenou o ser com as punições reverenciadas pelas instituições cristãs.

O universo vibra em equilíbrio, dentro de seu caos constante. Assim somos nós, um caos, mas que em liberdade tende a ficar em equilíbrio.

Esse é o aprendizado, amar e viver em equilíbrio, apesar dos pequenos desequilíbrios que a vida nos coloca. Amando e respeitando tais desequilíbrios, como aprendizado divino. Reflita, o grande equilibrista do circo não aprendeu a se equilibrar sem nunca ter escorregado e caído.

222. FORA DE COMPASSO

Ninguém me compreende, não ligo, ninguém compreenderia mesmo. Tenho preguiça monstro de assistir programas de tevê, mas me dá um livro para ler que devoro e esqueço da vida e quanto mais volumoso, mais adorável.

223. PARA QUEM NÃO ENTENDEU O QUE É ENERGIA E LEI DA ATRAÇÃO

A vida na terra é regida pela atração gravitacional, ou seja, caracterizada pela atração que os objetos com massa exercem uns sobre os outros.

O mesmo ocorre com matérias sutis. Como a energia do pensamento, que exerce a atração, consciente e inconsciente, da mesma maneira. Sem querer entrar em pormenores, esse conceito é a base de tudo que ocorre em toda a vida no planeta Terra.

Como um jovem que ama rock vai se ver atraído e identificado com jovens que amam rock e se por algum motivo conceitual externo se aproximar de jovens que gostam de pop se sentirá deslocado, sem pertencimento.

A energia locomove-se da mesma maneira. Se nosso pensamento está em lutas, sentimentos de lutas atrairemos; assim como, se estiver em amorosidades, amorosidades atrairemos. Assim serão as energias do bem ou do mal, no mesmo sentido energético será sua atração.

Uns acreditam em espiritualidades, outros não, mas na energia, cientificamente provada, todos hão de acreditar. E, afinal de contas, já dizia a sabedoria popular de nossos antepassados, "não mencione a palavra desgraça que desgraça você atrai".

A palavra tem poder, pois a palavra é a expressão do pensamento, energia mental.

224. FLUXO DA VIDA

A terra gira, giramos junto. Gira, gira, gira mundo, gira o nosso coração, gira nossa vida, gira até nossa morte.

No fluxo da vida, que gira em espiral. Giramos juntos e juntos nos entrelaçamos, num girar sincrônico de amor e ódio, de vida e morte.

Sol e lua, luz e escuridão. Um necessita do outro para sua existência. Mundo gira, gira o tempo, gira a vida.

Gira tudo como deve girar. Gira para unir e afastar. Gira em sincronia cósmica, de ódio, amor, vingança e perdão.

Sincronia perfeita que gira, em um bailar energético harmonizado e perfeito. Atrai para o seu giro em espiral a essência, para enfim ocorrer a transmutação necessária, do bem e do mal.

Por necessidade natural, a essência buscará, no giro em espiral, a essência de sua alma primordial.

225. A LÓGICA DO LÓGICO

Procure sempre a lógica. Ela é o único meio de se manter no real e evitar a dor existencial. A lógica é a ferramenta que nos ajuda a distinguir entre o que é real e ilusório.

A falácia da fantasia existencial é o nosso cárcere, nos manterá aprisionados até que ocorra sua percepção real. O Eu reagirá por meios obscuros, a fim de se libertar da torturante ilusão.

Buscará caminhos dolorosos, onde a intensidade da dor dependerá do nível de resistência do eu em perceber-se no cárcere ilusório, até que finalmente ocorra alguma libertação.

O eu não suporta estar encarcerado. O cárcere pertence ao ego, não ao eu. É preciso ser, estar ciente da lógica de tudo que o rodeia, para evitar a tentação que é viver em torno de fantasias existenciais.

Fantasias que impedirão o ser de vivenciar a verdadeira experiência do seu Eu divino, que pede transmutação energética para sua real evolução existencial.

226. ANJO DE ASA FERIDA

A vida é isso. Somos anjos guerreiros, ferozes, implacáveis, donos do mundo, mas de asa ferida, fato que mostra ao guerreiro toda a sua fragilidade!

A liberdade que essa asa representa, com o direito de voar, conquistar dimensões. Direito ilusório, limitado a um instante. Hoje o mundo, amanhã o chão, o limite.

Saber dessa realidade nos remete a escolhas. Escolher a ignorância protege e sana a angústia, a angústia da pequenez a que estamos submetidos. Precisamos nos proteger através da fantasia de sermos fortes, imbatíveis, deuses na terra.

Pobres seres que somos, lutamos, agredimos, submetemos nossa face à ignorância do saber. Projetamos no outro nossa fragilidade suprema e buscaremos a destruição desse outro, a fim de nos esquecermos de nossa face imperfeita.

Asa caída, asa ferida, asa submetida. Sem ti fico pela metade e pela metade percebo a falta do inteiro, da integridade. Assim é a nossa energia, não pode ser dividida, precisamos de ambas as partes, do inteiro.

Masculino/feminino; positivo/negativo; esquerdo/direito; branco/preto. O Uno, mesclado, bem misturado, para enfim se perceber a interligação da essência e dos demais seres do Universo.

227. VIDA DUAL

Só existem duas certezas na vida, a morte na vida e a vida na morte.

Só existem duas escolhas na vida: viver bem ou viver mal.

A opção é de cada um.

228 A BUSCA DO VERBO AMAR

Se for falar de amor, antes é preciso falar do início, do princípio, da essência, do imaculado. Se for falar de amor, antes é preciso buscar na alma aquilo que se perdeu, pela rejeição. Se for falar de amor, antes é preciso resgatar a si mesmo, o que foi esquecido, no obscuro da alma.

Encontrar-se é encontrar o divino. Encontrar o divino é encontrar o outrem no divino de si. É encontrar o verdadeiro e derradeiro amor.

229. TERAPIA É COISA DE LOUCO!!!

Sabe por que dizem isso??? Porque acham loucos aqueles que buscam ajuda para sair da prisão da fantasia e seguir em busca de enxergar a realidade, a libertação. Como na alegoria da Caverna de Platão.

Mas eu sei bem como é isso, um dia pensei igual e precisei de muito sofrimento existencial para chegar à psicanálise, mesmo assim só depois de um ano de curso e sendo obrigada, por exigência para me formar, iniciei minha terapia.

Hoje, com mais de dez anos de terapia, sou mais confiante, íntegra e verdadeira, comigo e com minhas escolhas. Hoje agradeço pela minha coragem e pela liberdade que conquistei.

Medos? Ainda os tenho, é claro, sou ser humano, faz parte do nosso mecanismo de defesa, que é inato ao ser. Porém, não fujo mais deles, ainda os sinto, mas olho nos olhos do medo e passo por cima deles, pois hoje sei que sou mais forte e os supero!

Fantasias? Claro que as tenho, mas hoje sei diferenciá-las da realidade e as vivencio com limites. Não me vejo mais refém delas, por medo de enxergar a realidade.

As fantasias, quando dominam a realidade, se tornam as responsáveis pelos terríveis estados de frustrações existenciais, devido às ilusões e expectativas na vida que são criadas pela fantasia. Hoje estou livre porque faço terapia!!!

230. ABANDONO DE SI

Pessoas de personalidade forte são vistas como pessoas teimosas ou chatas. Afinal, como ter opinião própria num universo de mesmices?

Por vezes passamos uma vida tentando mudar a própria essência, para não frustrar a expectativa do outro sobre nós e sermos amados.

Até que percebemos que isso foi em vão. Não existe maior dor do ser do que se perceber no abandono de si mesmo.

231. RESPEITO, SINÔNIMO DE AMOR VERDADEIRO

As pessoas à nossa volta e seus sentimentos são só uma representação de uma imagem do inconsciente que acreditamos ser real. Não quero mais ser amada, não quero mais ser valorizada, quero ser respeitada.

O amor é a busca do desejo da falta, de algo a ser preenchido. O valor é algo que tem de ser por si mesmo, algo interno, nunca externo. O respeito, sim, é amor, pois é o aceite da essência do outro por si mesmo.

Quero ser respeitada, não amada, respeitada em essência, em verdade. O respeito pelo outro é a representação magna do amor incondicional. Pois é o "aceito você como você é"!

Portanto, como chegar ao amor incondicional? Através do respeito. E como chegar ao respeito? Através da aceitação. Como chegar à aceitação? Através do autoconhecimento. Como chegar ao autoconhecimento? Ora, terapia.

"Conhece-te a ti mesmo e conhecerás o mundo." (Sócrates)

E, afinal, qual é a coisa mais importante na vida de um ser humano? A resposta depende da carência de cada um. Por essa vertente se constrói o mundo, interior e exterior.

Porém, a maioria das pessoas ficam presas nessa busca. Acreditam que a felicidade está na questão importante que as rodeia, que na maioria das vezes é uma falácia existencial.

O que realmente é importante na vida de um ser humano? Se analisarmos cada questão, em nível de importância existencial, é capaz que se descubra o quanto de energia foi gasta com importâncias fúteis e supérfluas.

232. A VIDA COMO UM CASTELO DE AREIA

Iniciamos nossas vidas construindo conceitos, preconceitos e idealizações, como fim último de nossa existência. Passamos a acreditar em reis, rainhas, carruagens encantadas, cavalos alados, príncipes e princesas encantadas, bruxas e fadas.

Buscamos crendices, fantasias, idealizações, tudo que explique e traga à realidade a concretude de nossas vidas imaginárias e vamos lutar com todas as forças para defender nossas bases, que acreditamos serem a nossa salvação como espécie divina.

Quando ultrapassamos a fronteira de nosso reinado e olhamos o castelo completo, sentimo-nos bem e satisfeitos pela obra completada. Acreditamos fielmente em sua estrutura sólida, não enxergamos a fragilidade por trás daquela aparente perfeição.

Porém, como toda história de contos de fadas, mais cedo ou mais tarde, a fantasia há de ser revelada e o castelo, por ser feito de areia, há de ruir perante o encontro com as águas ou até mesmo por um simples mau tempo, pelo simples fluxo da natureza.

Um dia acordamos do sonho e percebemos que nunca saímos da lagoa e sempre fomos sapos feios, gosmentos e de pele fria, mas que apesar da dura realidade podemos, sim, aceitar a vida como se apresenta e sermos felizes, afinal, a lagoa também é bela e terna, e o sapo tem lá a sua beleza.

233. UNIÕES MONOGÂMICAS

É a forma que o ser humano encontrou de fugir da angústia, de se sentir em segundo plano, sensação de rejeição, que é sentida na primeira infância, perante o amor dos pais.

No ventre da mãe o bebê é o ser desejado, centro de todas as atenções, de todos os amores e olhares, e será assim até alguns meses do seu nascimento. Depois terá de conviver com o ser deixado de lado.

É o momento de dormir sozinho, no quarto ao lado, dar espaço ao casal, à vida conjugal. É o momento de perceber que deve ficar de lado, às conversas, à intimidade do casal. Sentimento de não pertencer mais, de não ser parte desse amor.

É o momento em que se sente forçado ao abandono do ninho. Sentimento de solidão, de desamparo, enquanto o casal se enamora, com carinho e afeição. Tenta, mas não tem mais encaixe, do centro passa a ficar ao lado.

Assim deve ser, mas o ser pequeno sofre as devidas e necessárias frustrações a cada dia, aprendendo a dor de crescer, ter de ser forte, de aceitar a vida como ela é.

Quem amamos, agora, não tem mais lugar para nós, a cada ano que se passa nos sentimos mais obsoletos perante a realidade que nos fere a cada dia. Assim é a vida, assim se dará na vida adulta o desejo de se formar um par para toda a vida.

Uma forma fantasiosa de sanar a angústia que foi se sentir deixado de lado, para segundo plano. Assim se formam também as razões dos ciúmes, por medo e não aceitação da perda ou da traição. Tanto uma como a outra são reflexos da angústia original, por um sentimento fantasioso de rejeição.

234. PECADO ORIGINAL

Assim inicia o mundo, a serpente, a maçã, Adão e Eva, todos confabulando num bailar energizante. Após efetuado o pecado original, o ser inocente se depara no ventre materno. Sensação de proteção, segurança e conforto. Ali não é preciso trabalhar para comer ou beber, tudo era farto e acessível.

Mas no final tudo começou a mudar, veio a consciência do pecado original. O lugar começou a ficar desconfortável, houve a tensão e o medo se fez presente. Transição necessária pelo pecado.

A consciência da expulsão do paraíso veio à tona. A pressão foi inevitável. Veio a vergonha, a nudez, o frio, o medo, sede, fome e culpa, se fazendo consciente da necessidade da luta pela sobrevivência, risco de morte constante.

Angústia do nascimento, desejo eterno de retornar ao paraíso perdido. A incompreensão do erro cometido, sofrimento de dor e desafeto, frustrações constantes, após o nascimento. Perguntas sem respostas, juízos sem absolvições.

Mediante a realidade fatídica, a fantasia se faz útil e necessária, balsâmico da alma que nos ajuda a driblar a dor do real, fim último de todo ser, vida, pecado e morte.

Fantasia vai, fantasia vem, fantasias que com o passar dos anos acabam se tornando uma falácia real do ser. Falácia que, por ser falácia, cedo ou tarde se dissolverá e como consequência real a crise existencial se fará presente e trará do inconsciente a necessidade da busca pela verdade, que é a absolvição daquele pecado original.

235. SEPARAR O JOIO DO TRIGO É PRECISO

A terapia é o local onde nos certificamos de nós mesmos, das nossas mais profundas mentiras existenciais.

Quando fazemos terapia por anos separamos o joio do trigo e passamos a ter condições de fazer melhores escolhas na vida, pois tudo na vida se torna mais límpido.

Viver a realidade e suas facetas sujas com certeza é muito mais difícil, porém muito mais confortante, por poder ser mais verdadeiro em todos os sentidos da vida. É preciso assumir nossas mazelas.

236. ANJOS SÃO ANJOS, DEMÔNIOS SÃO DEMÔNIOS

Há anjos bons e anjos nem tão bons assim. Há demônios maus e demônios nem tão maus assim. A diferença está na intensidade.

Por vezes se faz o mal com a intenção do bem, em outras se faz o bem com a intenção do mal. E nesses casos o anjo se torna um demônio e o demônio se torna um anjo de alguém.

Afinal, como definir o que é bem ou mal a outrem se não sabemos o que é sua significância em essência? Acreditamos saber a diferença e a intenção correta, mas como poderíamos sem um conhecimento pleno de si mesmo?

Deus, anjos e demônios, todos vivem dentro de nós, o problema está na falta de conhecimento. Mas como poderíamos conhecer se não sabemos quem vive no nosso quarto de hóspedes?

Ouvimos ruídos, percebemos a presença, mas lá ninguém entra com receio do que irá encontrar e com o passar dos anos vamos nos distanciando, acreditando em sua inexistência, para evitarmos o reconhecimento da própria covardia.

Anjos são anjos, demônios são demônios. Deus não os teme, pois são frutos de sua criação, por que temeríamos? Mas tememos a ponto de rejeitar Deus de nossa alma, pois para aceitá-lo é preciso aceitar também seu lado sombrio.

Num universo de anjos e demônios, demônios podem aprender a viver em sociedade e serem bons. Anjos podem estar numa guerra e precisarem até ser maus, conforme a circunstância.

O planeta Terra e sua estrutura gravitacional. Tudo se atrai conforme a vibração que se mistura e em graus se separa. Entre o positivo e o negativo, luz e trevas, amor e ódio.

Holograficamente as energias se condensam e se dispersam, conforme a intenção da vibração. Estamos diante do real, mas tendemos a criar o imaginário e assim condensar as fantasias, os castelos de areia.

Demônios são demônios e anjos são anjos, e seres em evolução são seres que evoluem e precisam de ambos para obterem o resultado desejado e sonhado por todos os seres.

Quando o ser alcança sua luz, os anjos e demônios que cruzaram sua existência se dissipam, porém é preciso coragem, força e fé, de si e em si mesmo, para enfrentá-los e superá-los.

Porém, a essência de cada ser é imutável e permanecerá sempre a mesma. Ou seja, anjos serão sempre anjos e demônios sempre demônios. Cada um na sua essência, o que falta?

Reconhecimento e aceitação de si; enfim, se bancar em suas decisões e escolhas. Sair do anonimato e da hipocrisia, que não cabe mais neste universo!

237. FALSA BONDADE

É quando agimos em prol do outro, esperando retorno, conscientemente ou inconscientemente. É quando nos queixamos da vida ou de alguém, por falta de reconhecimento e/ou ingratidão.

A menos que alguém peça ajuda, todo favor prestado sem o pedido de auxílio é voluntário e, portanto, sem comprometimento de qualquer obrigação de retorno. Conscientização de si é tudo na vida!

238. A DÚVIDA NOS LEVA AO CAOS

Daí a tendência a buscarmos uma certeza irrefutável. Lutaremos com todas as forças para defender nossas verdades. Tendemos a buscar um norte em nossas verdades, para nossa estabilidade existencial e nos frustramos quando percebemos que o norte escolhido nos direcionou a um aparente erro.

Já sabemos que certezas e verdades não existem neste mundo. Que o norte certo é relativo às nossas necessidades vivenciais, como uma espécie em evolução.

Porém, o ser humano é resistente e persistente em acreditar na fantasia de que sabe ou pode alguma coisa e insistirá no desgaste de energia, que é argumentar e justificar uma falácia, de que tem algum poder.

239. DEPENDÊNCIA AFETIVA

As pessoas podem não ser interesseiras, algumas podem ser até desapegadas. Algumas podem valorizar apenas o ser e a natureza. Porém, valorize uma pessoa e ela lhe verá com outros olhos.

Essa observação corresponderá ao inconsciente do ser, toda simbologia de bem-querer. Essa interpretação psíquica nos coloca numa dependência do desejo de ser aceito e consequentemente na esperança de ser amado.

Tal dependência crescerá e se expandirá de acordo com as frustrações existenciais. Pois o ser perceberá suas conquistas, mas não compreenderá as perdas e se jogará no mundo da dependência afetiva, no afã de desvendar o enigma fatídico.

240. ATAQUE, CONDIÇÃO DE DEFESA

Julga-se para não ser julgado. Critica-se para não ser criticado. Acusa-se para não ser acusado.

Isso se chama mecanismo de defesa.

A predisposição na iniciativa do ataque está correlacionada à condição de defesa, pela fragilidade do eu de se perceber em seu nível de potência, perante si e o mundo existencial à sua volta.

Assim também o julgamento do outro ocorre devido à fragilidade no autoconhecimento, do eu em si, pois julgamos algo que acreditamos estar fora de nossa realidade, por estarmos acima de qualquer suspeita.

Porém, quando falamos de conceitos internos e/ou comportamentais, para se fazer um julgamento de algo, antes é preciso um profundo conhecimento interior e vivencial, caso contrário, o julgamento será baseado numa suposição, no achismo.

Normalmente, quando o julgador está nessa condição, na suposição, por não reconhecer em si a questão julgada, o julgador julga para se livrar de uma condenação psíquica do que acredita, em seu inconsciente, ser seu desejo.

Ou seja, antes de acreditar estar acima de qualquer suspeita, para julgar, criticar ou acusar algo ou alguém, busque reconhecimento da questão no seu eu interior, para entender do que pensa estar escondendo e que não pode ser revelado.

241. VERDADES INTERIORES

Aqui dentro existe um mundo que ninguém conhece. Um universo de movimentos, expressões, ideias, razões e deduções.

Aqui dentro, lugar de raro acesso externo, lugar seguro, reservado e único. Aqui dentro, o lugar é riquíssimo de sonhos e devaneios, fantasias reais, que vão e vêm num pulsar constante e infinito.

Aqui dentro? Ah, aqui dentro, só aqui dentro encontro o melhor de mim, revejo minha história, faço minhas escolhas, reconheço quem sou e assumo meu poder!

242. POSITIVIDADE E NEGATIVIDADE NA VIDA

Em momentos de desespero ou tristeza, evite cultivar a negatividade existencial. Num universo que rege a lei da atração, positivo atrai positivo e negativo atrai negativo.

Se aceitarmos que positivo é igual à sigla do mais e o negativo é sinônimo, é igual à sigla do menos, compreenderemos com mais clareza que o sinal de mais soma e leva o resultado da conta para a frente, enquanto o sinal de menos vai subtrair e levar o resultado da conta para trás.

Assim também é na vida, portanto pense, aja, nutra sua vida no positivo e traga para a vida coisas que somem no resultado da sua existência, de um modo geral. Afaste-se e exclua o que te subtrai e impede de crescer.

A matemática da vida não espera, aceita o cálculo proposto e executa o resultado, conforme foi solicitado. A vida é rápida e passageira demais, para se fazer uma análise de existência, nesse caso isso só acontece no final, quando tudo para e se estagna, pois já é tarde demais.

243. DEUS, ELEVAÇÃO OU CONDENAÇÃO EXISTENCIAL

Partindo do princípio de que Deus é onipotente, onipresente e misericordioso, Deus é nosso pai, vive em nosso coração e ama todos seus filhos, não podemos ser ingratos, as leis divinas são claras e o livre-arbítrio também.

Colhemos o que plantamos e a inversão que se apresenta energeticamente faz parecer que seremos vítimas do mal. Falo com convicção e propriedade de conhecimento, o vitimismo é psíquico, pois Deus é justo e não tolera vítimas.

O medo é apenas uma projeção da culpa. Portanto o ser só será vítima de suas próprias escolhas e o medo é o reconhecimento do retorno fatídico que não estamos a fim de bancar.

Precisamos aprender a crescer, bancar e agradecer a Deus por nossas opções existenciais, para só então poder decidir se isso é o que se quer da vida ou se é melhor reformular o caminho!

Fé é isso, acreditar na energia divina, na justiça do criador e, portanto, isentá-lo e assumir a nossa parte na culpa.

Acredite, as dores, doenças e perdas vêm em nossas vidas para mostrar o nosso orgulho, nosso egoísmo, a conveniência de nossas ações como um todo, enfim, nossas verdades.

244. PERGUNTEI A UM AMIGO, O QUE É O AMOR?

Ele respondeu que é cuidar, e pensei: então eu me amo, porque cuido e faço isso por mim, sendo assim, automaticamente saberei como amar ao outro, porque se eu me amo, amarei o outro também.

Portanto, essa relação de amor e cuidado não pode ser individual ou parcial. Se eu me amo verdadeiramente e integralmente, não haverá espaço para o ódio ou a incompreensão.

Amo a mim, a tudo e a todos, sem distinção, raça, gênero ou caráter. Quando esse amor externo estremece e falha, tenho de voltar a mim e entender onde deixei de me amar a ponto de permitir que algo me desestabilizasse.

245. A EXISTÊNCIA ESTÁ DESCARTÁVEL. SERÁ???

No passado prevalecia o belo, edificações magníficas, verdadeiras obras de arte, o tempo era longo e o ser humano precisava ocupá-lo, assim era a vida na antiguidade, valorizava-se o belo e a resistência, o forte.

No mundo atual valoriza-se o prático e o imediatismo, tudo é passageiro e descartável. Penso que no futuro o passado irá retornar, o belo e o forte retornarão para ocupar um trabalho extinto, trazendo o resgate de nossas espécies, como meio de sobrevivência.

246. SOLIDARIEDADE COMBINA COM EGOÍSMO?

Acredito que a pandemia de 2020 trouxe para a humanidade maior consciência de valores da vida, pois estivemos isolados, sem poder exercer o que julgamos serem nossos valores essenciais de vida. Para muitos, trouxe uma profunda reflexão sobre a existência humana na terra.

Será que precisamos mesmo de tanto dinheiro e poder para nos acharmos dignos e inteligentes? Será que precisamos de carros ou restaurantes de luxo, para sentirmo-nos grandes? Será que precisamos frequentar shoppings de elite, tirar um cartão sem limites da carteira, para satisfazer um desejo qualquer do nosso ego? Afinal, quem o inflamou ou será que sempre fomos assim?

Será que precisamos mesmo de grandes partidas de futebol, grandes concertos e shows para satisfazer nossa hipocrisia existencial? A meu ver, quanto maior o ego, menores seremos. A questão não está no grande, no mais, mas sim no ser ao invés do ter, temos consciência da diferença?

Como trabalhar um egoísmo saudável sem ser egoísta? Como ser solidário sem praticar o egoísmo e o exibicionismo? Como exercer o bem sem ver a quem?

Acredito que todas essas coisas e tantas outras, frutos de nossa criação, são importantemente a nossa saúde física e mental, mas por que a grandeza extremista, a loucura de consumo e o divertimento exacerbado? Do que fugimos? Da vida? Da morte? De se ver e se reconhecer extremamente egoístas e fúteis?

O exclusivismo é perigoso, egocêntrico e muito infantil. Quando as pessoas mencionam as palavras "cuidar" e "valorizar a família", mencionam a separatividade como fundamento de educação. Que a meu ver não está errado.

Mas a essência da palavra "família" refere-se ao todo, pois no Universo somos todos parte de uma mesma origem e mesma substância, mesma composição. Todos os oriundos dos mesmos elementos e subjugados às mesmas forças dos astros e da natureza. Num piscar de olhos somos pó, todos iguais.

Se nossa origem é a mesma e nossa destruição material também, em todos os seres, por que o egoísmo? Aonde queremos chegar e o que queremos provar? Se tivermos consciência de nós mesmos, perceberemos o quão infantis e fúteis nós humanos somos como espécie.

Todos querem ser felizes, livres, viver bem e em paz, mas acreditam que conquistarão isso pela separatividade e é perceptível o engano quando olhamos de perto. A pandemia e o coronavírus são a maior amostra disso, se não formos solidários, se não nos unirmos pelo amor ao próximo e pela vida, só resta a dor e a nossa própria destruição, em todos os sentidos de necessidade existencial.

Assim é nossa história trágica e humana, vívida na consciência do sentido de toda e qualquer guerra que já existiu no planeta. Separatividade e exclusividade só trazem dor, solidão, angústia, ansiedade e desequilíbrio.

247. TRISTEZA É PERCEBER A CRUELDADE HUMANA

Triste é olhar a história e ver quanta manipulação perversa somos capazes de fazer, só para que nosso desejo egoísta mais profundo seja realizado. Somos cruéis demais!

A doença e a guerra são as principais armas do ser humano contra ele mesmo. Mas a guerra é uma manipulação explícita, que todos a reconhecem. Difícil mesmo é crer na doença, que é sombria e extremamente escusa.

Toda doença possui como característica principal a limpeza do campo mental. Ora, mas que tipo de sujeira? Pensamentos de raiva, mágoa e dor, um combinado de emoções. Um coquetel *molotov*, preparado mentalmente, pelo inconsciente, que por vezes servirá para própria destruição ou só para tortura, de si para si ou para com o outro.

A doença é a materialização de um desejo, um objetivo a ser alcançado, que independe dos conceitos éticos, morais ou justos da vítima.

Toda doença tem um ganho secundário inconsciente, que não medirá esforços para realizar sua fantasia distorcida, profundamente cruel e egoísta. Pois pode ser efeito de autoculpa, por orgulho desmedido ou manipulação do meio.

Ou seja, toda doença é um sabotamento da espécie com um objetivo em mira, o castigo ou autocastigo, o que difere é apenas um detalhe pessoal de como essa crueldade deve ser aplicada.

185

248. UMA IDEIA VULGAR

Enquanto o ser humano tiver medo de ser visto como vulgar, jamais conquistará nada de valor, pois suas conquistas serão tão vulgares quanto seu medo.

249. SER FILÓSOFA!

Não tenho verdades, tenho questionamentos da verdade para chegar a uma faceta de uma verdade primordial.

250. O QUE É O SER HUMANO?

É um ser que nasce do ventre com uma essência natural e por sua naturalidade tenta viver sua verdade, da mais pura essência divina.

Porém, esse ser para ser considerado humano precisará passar por uma castração, mutação, de sua essência natural. O ser agora precisará se encaixar num molde social e existencial, de ética e moral, leis sociais e culturais, preestabelecidas.

O ser se condicionará a um molde, conforme a expectativa social e nesse molde justo e inflexível fixará e condicionará toda a sua natureza, seus sonhos e projetos existenciais, suas escolhas de vida.

Finalmente, aquele ser que ao nascer de um ventre, com toda a sua essência divina, por sua mais pura naturalidade, foi rejeitado e encarcerado, passará a viver sua vida mundana, distante de sua verdade existencial, da mais pura essência da vida.

Como qualquer condenado, por consciência de sua inocência parcial, o ser sofre e adoece em seu cárcere, por consequência de se estar distante de sua essência, pura e divina.

A saúde física e mental do ser estará agora condicionada a um resgate parcial, de uma consciência do seu ser natural, de sua verdade intrínseca, como ser divino que se é.

Quanto mais resgate de sua essência natural o ser obtiver, mais saudável se encontrará e mais estranho estará perante a sociedade, condicionada e doentia, que o castrou e condenou a uma existência hipócrita e nefasta!

251. RELAÇÕES MONO

As relações monogâmicas ou monoteístas são relações feitas de promessas, sonhos e fantasias falsas, tão falsas como a própria relação monogâmica, que não consegue se fundar em uma relação de respeito.

Assim também ocorre com o monoteísmo. Relação com um só Deus, mas em que na realidade usa-se Deus como escudo para cultuar todo tipo de Deus, basta olhar o valor que se dá ao Deus financeiro ou ao Deus do poder, que por milênios sempre foi o Deus mais desejado e venerado que a humanidade já teve.

O ser humano não é e nunca será mono, pela sua própria incapacidade na individualidade. A vida impõe a dualidade existencial, e por essas dualidades viverá o ser, combatendo os próprios instintos duais. Por esse pensamento, conclui-se por que a solidão se torna o sentimento humano mais doloroso.

Mas por que será que o ser humano criou uma prisão de tortura psíquica, chamada mono, ou seja, como trabalhar a psique para conquistar uma evolução espiritual, se o próprio ser estará ocupado em lidar com suas questões de dualidade natural?

Tanto a culpa como o pecado se inter-relacionam nas relações mono, limitando e excluindo a potência psíquica do indivíduo, transformando-se numa carga energética nefasta, que gerará cada vez mais culpa e pecado. Um ciclo doentio!

A saúde do ser está na liberdade existencial, pois se o ser se tornou ser, foi para exercer suas experiências na vida e então poder dar luz e bancar suas escolhas perante as leis divinas, que o conduzirão à consciência da verdadeira concepção de certo e errado.

A contratação de um contrato ou ideia no mono tem efeito congelante e limitante da psique, por conta da culpa, que impede a ampliação de consciência e de verdade do ser em si.

252. AMOR, O ENIGMA DE JESUS

Nossa percepção dual não nos permite compreender o amor, a essência do verbo "amar" em sua totalidade. A sua dualidade nos faz perceber o amor pela carência, pela falta. Que é seu paradigma conceitual básico de todas as relações humanas, que não conseguem compreender o amor.

Amor não é dó ou pena, é compaixão. Amor não é controle ou proteção, é afago. Amor em excesso não é amor, é desequilíbrio, assim como o amor pela raiva deixa de ser amor, se torna ódio. A essência do amor está no equilíbrio. Compreender o amor de Jesus é compreender o amar em sua essência.

Como o amor da luz, que em excesso ofusca a visão, podendo até cegar, mas se muito branda deixa que a penúria acalente qualquer percepção do real, do belo, do valioso ou do justo.

O mal é o amor no seu oposto, seja por amor ou ódio. Compreender o amor é compreender os seus opostos, dentro de si e no outro, para só então compreendê-lo no seu âmago.

Compreender o amor é compreender que luz e sombra são feitas da mesma energia, uma serve à outra. É compreender o mal e o bem como parte da mesma faceta, opostas para se obter experiências de percepção do amor em sua totalidade.

Amor não é negar ou aceitar, não é proibir ou liberar, não é cuidar ou relaxar. Amor é permitir que o verbo "amar" se faça real, por sua própria percepção, como escolha de um bem maior no micro e no macrocosmos.

253. O QUE DIFERE A LOUCURA DA SANIDADE?

Mais loucos são os que se consideram normais, por estarem reféns das normas sociais, ou os excêntricos, que por sua liberdade existencial seguem a vida de acordo com seu discernimento de certo e errado?

Loucos não são aqueles que, protegidos por lei ou estatuto social, se acham acima da lei ou do pecado, se apoderando de sua razão insana para praticarem terrorismo social e fragmentar o valor do ser a zero, perante tamanha disparidade diante das diferenças de castas ocidentais, disfarçadas em democracia igualitária?

Onde mora a sanidade? Será no condenado que, submetido pelas entranhas de um poder social e financeiro, se cega na ideia de conquista? Ou no verdadeiro louco que se joga no mundo sem as algemas desse novo ter, que nos condena na competição existencial de fantasia desse poder?

O fim, na sanidade do status social, justifica os meios; essa, sim, é a verdadeira loucura, que cega os meios validando a hipocrisia e a deso-nestidade, que deixa uma impressão confusa no ar, que transforma bem em mal e mal e bem, confundindo o sentido de humanidade e justiça, como algo de diferentes pesos e valores, conforme o interesse da régua do observador.

Ah! Loucura! Quanta sanidade real da razão existe na loucura e quanta loucura real existe na fantasia doentia da razão como sanidade!!!

254. O TEMPO EXERCE SEU PODER

O tempo não espera e não aguarda. Tudo passa, tudo se transforma, as apostas estão lançadas, foram feitas as escolhas. E o resultado?

Será inerente conforme as cartas da mesa, por isso não há mudança ou mutação, os valores são intrínsecos e existenciais. Quem bancará os resultados desse jogo? Dependerá da consciência de si em si.

Aceitar a vida e a morte com toda a sua magnitude e esplendor de justiça e amorosidade é o caminho mais nobre de um ser que aceita o fluxo do caos derradeiro que a vida impõe.

255. JULGUE E SERÁS CONDENADO

O julgado de hoje será o julgador de amanhã, assim como o estuprado de hoje terá forte tendência a se tornar o estuprador de amanhã, assim como o julgador e o estuprador de hoje poderão ser o oposto de amanhã, conforme complexidade mental a que se refere.

São as fixações psíquicas de vingança, presentes no inconsciente, que nos motivam a agir sem às vezes percebermos uma razão lógica para nossas escolhas.

A vingança é um sentimento proveniente da não aceitação de algo e por não haver aceitação, consciente ou não, a vingança se materializa na existência, como um ato de reparação.

Porém, se o vingador, pela culpa, não conseguir se vingar, e estando a energia da vingança fixada na pisque do vingador, a vingança se tornará presente com a devida inversão.

Ou seja, o vingador sofrerá as devidas consequências de seu próprio desejo de vingança, e o consciente negado favorece o direito do inconsciente, independentemente do alvo a ser alcançado.

256. O QUE É O EU DIVINO?

Se aceitarmos a verdade de que Deus é energia, o Universo é energia, o pensamento é energia e sendo o inconsciente uma energia do pensamento... então, Deus é energia, que por sua vez é universo e que por sua vez é o inconsciente. Portanto, se Deus é o inconsciente, Deus é o Eu divino que habita em nós!

"Conhece-te a ti mesmo e conhecerás o Universo." (Sócrates)

257. EFEITOS COLATERAIS DE UMA TERAPIA PSICANALÍTICA

Nos três primeiros meses: consciência de si, reconhecimento e compreensão da própria vida e dos demais à sua volta. Sensação de encantamento com a própria vida que desconhecia.

Primeiro ano de terapia: começa a perceber os conteúdos do eu, do inconsciente. Reconhecimento e compreensão de questões mais profundas e complexas do eu, como autossabotamento, traumas e medos.

2º a 3º ano de terapia: acesso e reconhecimento mais profundos do inconsciente. Questões bloqueadoras são percebidas, compreendidas e libertadas. A pessoa passa a compreender com mais clareza as próprias complexidades, facilitando a prosperidade do Eu, pelo livre-arbítrio consciente.

4º ano em diante: o ser se torna protagonista de sua história e escolhas. Assume o poder da vida e reconhece de antemão as armações externas e internas, difícil de se enganar devido ao tamanho do autoconhecimento de seu inconsciente. Quanto mais anos de terapia, mais ampliada se torna a consciência do inconsciente do indivíduo, sinônimo de liberdade existencial do ser em si.

258. CONFLITOS EXISTENCIAIS

Senhores do universo machista humano, parem de agredir as mulheres, fisicamente e moralmente. Elas não têm culpa das suas fraquezas e limitações em não assumir seu verdadeiro sentimento e verdades interiores.

O amor não vê sexo ou gênero, o sentimento de amor entre sexos diferentes ou iguais não necessariamente é sexualizado, pode ser só afetivo.

Amor é o sentimento da falta; quanto maior é a sensação de ausência, maior será o amor. Se um homem amar outro homem, não quer dizer que perderá a capacidade de amar uma mulher, com a mesma intensidade, pois somos seres eternamente incompletos.

Essa ideia serve também ao feminino, que age com igual agressividade ao masculino, apesar de mais sutil, devido às suas características sensíveis. Só o amor e a compaixão libertam.

Defronte de um algoz há sempre uma vítima. No entanto, da mesma forma, atrás de um algoz há sempre um vitimista. Estamos sempre em busca da redenção; porém, jamais a encontraremos enquanto posicionados como vítimas e sem compreender o algoz em nós.

259. NINGUÉM É DE NINGUÉM, COISA DIFÍCIL DE SE ENTENDER!

Ciúmes e inveja, ambos são provenientes do egoísmo, mas qual a diferença?

Ciúmes é egoísmo de algo que acreditamos ser possuidores e não queremos dividir. Inveja é egoísmo de algo que acreditamos não possuir e gostaríamos de tirar do outro.

Ambos são nocivos e autodestruidores, pois a princípio ambos pertencem a uma falácia existencial, lutamos por algo que não é e nunca existiu, a posse do outro. Mas a inveja causa dor existencial? Talvez essa seja a principal questão da evolução humana.

A inveja emocional acredito ser muito pior que a inveja material. No entanto, tanto uma como a outra têm como consequências existenciais a destruição, no seu mais amplo conceito. Afinal, a inveja emocional é a que gera a inveja do material e os inúmeros tipos de preconceitos, assim como os demais modos de agressividades humanas, como guerras, domínios, intolerâncias etc.

O sentimento da inveja em si, por ser algo desprezível socialmente e doloroso intimamente, fará o ser reverter o sentimento para o desdém ou a agressividade, como autodefesa, disfarce, tanto para si como para o outro.

260. DIVERGENTES

Pessoas odiadas, quando não pela maldade intrínseca, costumam ser as mais inteligentes, pois são possuidoras de personalidade e não se dobram à imposição da opinião alheia!

261. O DESCONHECIDO NO NINHO

Você viveria uma vida toda com alguém que não conhece, que não sabe por que age como age, alguém que talvez possa lhe magoar, trair, roubar ou matar a qualquer momento?

Pois é, esse é o sentimento que causa ansiedade, angústia, pânico e diversas síndromes que aterrorizam o ser humano, pois quando não conhecemos nossos impulsos não nos conhecemos e não sabemos o que somos capazes de fazer.

E como consequência, pela ignorância de si, é o que acontece com quem não busca o autoconhecimento. Eu jamais suportaria viver com alguém que não conheço, daí tantos estudos, tantas buscas do meu eu.

Parece que quanto mais me vejo, mais tenho a me compreender e conhecer. E quanto mais me conheço, mais em paz eu fico, pois passo a confiar cada vez mais em mim, ou seja, mais confio no meu amor por mim e sei o que quero e espero da vida!

262. UMA VEZ INFIEL, SEMPRE INFIEL

A infidelidade física é dolorosa, mas aceitável, difícil de aceitar é a infidelidade moral. Pensamos que ambas são iguais, mas não, são diferentes e sua dor é muito distinta. Pior ainda quando ambas são sentidas na mesma questão, se tornando traumática!

263. AS LÁGRIMAS, EXPRESSÃO DA TRISTEZA

O sentimento de tristeza é algo que se aloja no peito e precisa da expressão para restabelecer o sentimento de bem-estar. Deixe a tristeza sair, parece que dói, mas na verdade o sentimento que fica é de alívio.

Assumir o que se sente é um passo para se aceitar quem se é.

Através da dor emocional e física é que nosso Eu divino se comunica conosco, mostrando onde está o problema que não percebemos na vida.

Deixe a tristeza se expressar; ao contrário do que dizem, é sinal de coragem, de força existencial!

264. ANALISANDO O VERSÍCULO DE LUCAS, ME PUS A PENSAR

"Os exaltados serão humilhados e quem se humilha será exaltado." (Lucas 18:14b)

Ora, o que significa mesmo ser humilhado? As religiões fazem um link com passividade, carneirinhos, cordeiros de Deus, humildade. No entanto, para mim, mais parece controle e manipulação de fiéis, como o que vemos, desde os primórdios da humanidade, nas instituições religiosas.

Algumas pessoas entendem como simplicidade, pobreza, desapego aos bens materiais. No entanto, o que mais vemos é gente pobre e orgulhosa, rancorosa e agressiva, por conta da sua situação de carência material.

Faço aqui então uma interessante reflexão: será que quando Lucas menciona a palavra "humilhado" não poderia estar se referindo ao estado de se colocar no mundo reconhecendo a própria mazela existencial?

Ou seja, o ser realmente humilhado não seria aquele que se reconheceria em público, como desonesto, egoísta, malvado, egocêntrico, manipulador, enfim um deus encarnado que se acha o todo-poderoso e não está nem aí para os seus entes queridos e amigos, desde que o beneficiário seja ele mesmo?

Será que existe alguém neste mundo capaz de se reconhecer assim?

Será que alguém seria capaz de se deixar ir para a Cruz, ser humilhado, torturado e exposto como um bandido, como foi Jesus?

Aí vem a igreja com palavras bonitas colocando-o como Cordeiro de Deus, nos mostrando que é assim que devemos nos reconhecer e nos comportar, para não pararmos no mesmo lugar em que ele foi colocado.

Acredito que, como as palavras de Lucas, humilhar-se é deixarmos de ser hipócritas. Sócrates repetiu a frase dos antigos: "Reconhece a ti mesmo". A humanidade não tem mais tempo, não irão enviar outro Jesus para ir para a Cruz por nós.

Cada ser deve reconhecer e assumir seu pecado original, que não é sexual, como afirmam algumas linhas religiosas.

Se ver, reconhecer e se bancar, assumir seu poder na vida, pois o que se nomeia como pecado não é e nunca foi tão pecaminoso assim. São apenas atitudes naturais, como uma bola de tênis, que quando arremessada em uma parede retornará às nossas mãos da mesma forma e intensidade que foi, apenas a mesma bolinha.

É preciso reconhecer esse processo, que é uma lei natural do nosso planeta, onde isso não é castigo de Deus, e sim um retorno de tudo que emanamos para o universo e que receberemos na mesma moeda.

Porque eu sou a primeira e a última
Eu sou a venerada e a desprezada
Eu sou a prostituta e a santa
Eu sou a esposa e a virgem
Eu sou a mãe e a filha
Eu sou os braços de minha mãe
Eu sou a estéril, e numerosos são meus filhos
Eu sou a bem-casada e a solteira
Eu sou a que dá à luz e a que jamais procriou
Eu sou a consolação das dores do parto
Eu sou a esposa e o esposo
E foi meu homem quem me criou
Eu sou a mãe do meu pai
Sou a irmã do meu marido
E ele é meu filho rejeitado
Respeitem-me sempre
Porque eu sou a escandalosa e a magnífica

Hino a Ísis (século III ou IV, descoberto em Nag Hammadi)

REFERÊNCIAS

ALBORNOZ, Suzana. Ética e **utopia**: ensaio sobre Ernst Bloch. Porto Alegre: Movimento, 1986.

ALVES, Rubem. **O que é religião**. São Paulo: Loyola, 1999.

BÍBLIA. Português. L. C. C. Publicações Eletrônicas, 2002. Disponível em: http://www.ebooksbrasil.org/nacionais/acrobat ebook. html. Acesso em: 25 abr. 2008.

BRACKER, Joseph. **A matriz divina**: a criatividade como elo entre o Oriente e o Ocidente. São Paulo: Paulus, 1998.

CAVALCANTI, Raissa. **O retorno do sagrado**: a reconciliação entre ciência e espiritualidade. São Paulo: Cultrix, 2000.

CHARDIN, Pierre Teilhard De. **O fenômeno humano**. 3. ed. Lisboa: Tavares Martins, 1970.

DELACAMPAGNE, Christian. **História da filosofia no século XX**. Rio de Janeiro: Zahar, 1997.

EDINGER, Edward F. **Ciência da alma**. São Paulo: Paulus, 2004.

ENCICLOPÉDIA DE FILOSOFIA. Disponível em: http://encfil.goldeye.info/jasper. htm. Acesso em: 25 out. 2014.

ESPINOSA, Baruch. **Pensamentos metafísicos**. São Paulo: Nova Cultural, 2000. (Os Pensadores).

ESTRADA, Juan Antonio. **Deus nas tradições filosóficas**. São Paulo: Paulus, 2003.

FADIMAN, James. **Teoria da personalidade**. São Paulo: Harbra, 1979.

FERRY, Luc. **Aprender a viver**: filosofia para os novos tempos. Rio de Janeiro: Objetiva, 2007.

FERRY, Luc. **O Homem-Deus ou o sentido da vida**. Porto (Portugal): Asa, 1997.

FRANZ, Marie Louise von. **A tipologia de Jung**. São Paulo: Cultrix, 1974.

FREUD, Sigmund. **Obras completas**. Tradução de C. Magalhães de Freitas e Isaac Izecksohn. Rio de Janeiro: Delta, 1959.

GAARDER, Jostein. **O mundo de Sofia**: romance da história da filosofia. São Paulo: Cia das Letras, 1996.

GOLDSCHMIDT, Victor. **A religião de Platão**. São Paulo: Difusão Europeia do Livro, 1963.

HOBSBAWM, Eric. **Renascendo das cinzas**. São Paulo: Cortez, 1992.

JACOBI, Jolande. **Complexo, arquétipo, s**ímbolo. São Paulo: Cultrix, 1994.

JUNG, Carl Gustav. **O desenvolvimento da personalidade**. São Paulo: Vozes, 1972.

KANT, Immanuel. **Crítica da razão pura**. São Paulo: Abril Cultural, 1983.

KANT, Immanuel. **Lógica**. Rio de Janeiro: Tempo Brasileiro, 1992.

KIERKEGAARD, Soren. **Temor e tremor**. São Paulo: Abril Cultural, 1979. (Os Pensadores).

LOCKE, John. **Ensaio acerca do entendimento humano**. Tradução de Anoar Alex. São Paulo: Nova Cultural, 1999. (Os Pensadores).

MINOIS, Georges. **História do riso e do escárnio**. Tradução de Maria Helena O. Ortiz Assumpção. São Paulo: Ed. Unesp, 2003.

MORA, José Ferrater. **Dicionário de filosofia**. 4. ed. São Paulo: Martins Fontes, 2001.

MORGAN, Clifford T. **Psicologia fisiológica**. São Paulo: EPU, 1973.

NICHOLS, Sallie. **Jung e o Tarot**: uma jornada arquetípica. Tradução de Octavio Mendes Cajado. São Paulo: Cultrix, 2007.

NIETZSCHE, Friedrich Wilhelm. **A genealogia da moral**. 4. ed. Lisboa: Guimarães, 1983.

NIETZSCHE, Friedrich Wilhelm. **Obras incompletas**. 5. ed. São Paulo: Nova Cultural, 1991. (Os Pensadores).

NIETZSCHE, Friedrich Wilhelm. **Assim falou Zaratustra**. Tradução de Pietro Nassetti. São Paulo: Martins Claret, 2002. (A obra prima de cada autor).

PASCAL. **De Deus e do Homem**. Lisboa: Bertrand, 1945.

PLATÃO. Apologia de Sócrates. *In*: SÓCRATES. Tradução de Enrico Corvisieri. São Paulo: Nova Cultural, 2000. (Os Pensadores).

PLATÃO. **A República**. São Paulo: Martin Claret, 2002.

PLATÃO; XENOFONTE; ARISTÓFANES. **Sócrates**. São Paulo: Nova Cultural, 1996. (Os Pensadores).

ROHDEN, Huberto. **Por que sofremos**. São Paulo: Martin Claret, 2004.

TABONE, Márcia. **A psicologia transpessoal**: introdução à nova visão da consciência em psicologia e educação. São Paulo: Cultrix, 1993.

TRÊS INICIADOS. **O Caibalion**: estudo da filosofia hermética do Antigo Egito e da Grécia. São Paulo: Pensamento, 2013.

VALCAPELLI. **Amor sem crise**. 3 ed. São Paulo: Vida e Consciência, 2001.

WALSH, Roger; VAUGHAN, Frances. **Caminhos além do ego**. São Paulo: Cultrix, 1993.

WEIL, Pierre. **Normose**: patologia da normalidade. Campinas: Verus, 2003.

WOOLGER, Roger J. **As v**árias **vidas da alma**. São Paulo: Cultrix, 1987.

XENOFONTE. Ditos e feitos memoráveis de Sócrates. *In*: SÓCRATES. 4. ed. São Paulo: Nova Cultural, 1987.

ZIMERMAN, David E. **Fundamentos psicanalíticos**: teoria, técnica e clínica, uma abordagem didática. Porto Alegre: Artmed, 1999.